MARKUS HOFMANN

WITZ KOMM RAUS

DAS LUSTIGSTE GEDÄCHTNISTRAINING DER WELT

DIE BESTEN DER BESTEN

HIER ERZÄHLE ICH DIR MEINE LIEBLINGSWITZE!
SCHAU GLEICH MAL DRAUF.

www.unvergesslich.de/die-besten-witze

Inhalt

VORWORT

Kennst du den? Kommt eine ältere Dame zum Arzt und sagt: *„Herr Doktor, ich leide schon seit Tagen unter starken Blähungen."* Was dem Arzt dazu einfällt, dazu kommen wir später. Zunächst einmal verrate ich dir, warum ich dieses Buch geschrieben habe und warum du es lesen solltest.

Manche von euch haben den Witzanfang wahrscheinlich noch nie gehört, einige haben nur die Pointe vergessen und wieder andere kennen ihn – sie kommen aber nicht darauf, wenn sie spontan einen Witz erzählen sollen. Und genau hier liegt der berühmte Hase im Pfeffer. In unterschiedlichsten Lebenslagen können wir nicht auf das Wissen zugreifen, welches wir gerade benötigen. Während einer Präsentation oder eines Referats fehlt plötzlich ein entscheidendes Stichwort. Jemand grüßt dich freundlich auf der Straße oder in der Kantine, ihr haltet sogar einen netten Plausch, aber dir fällt partout nicht ein, wie dein Gegenüber heißt. Und: Beim Einkaufen wolltest du unbedingt noch etwas erledigen – aber was war das bloß?

Bei Witzen taucht dieses Problem besonders häufig auf. Jemand erzählt einen Witz, im Idealfall lachen alle, und dann schiebt dieser jemand gleich noch einen und noch einen besseren hinterher. „Jetzt erzähl du mal einen", heißt es plötzlich. Und dann? „Mmh – ich weiß keinen. Ich kann mir Witze so schlecht merken." Spaßbremse. Wenn du nun dieses Buch liest, werden derartig unangenehme Situationen ein für alle Mal der Vergangenheit angehören. Ich garantiere dir: Am Ende hast du mindestens 20 gute Witze im Köcher, die du jederzeit gezielt abschießen kannst.

Und weißt du, was der Clou daran ist: Du erfährst nicht nur, wie du zum Alleinunterhalter wirst – nein, du erlernst vielmehr spielerisch die Grundlagen des klassischen Gedächtnistrainings. Warum findest du zu Hause die Post? Richtig – weil der Briefträger sie jeden Tag in deinen Briefkasten steckt. Er legt die Briefe nicht irgendwo im Treppenhaus oder gar im Vorgarten oder auf der Straße ab. Und genau so werden auch wir vorgehen: Wir erschaffen ein zuverlässiges System mentaler Briefkästen.

Das Faszinierende daran ist zweifellos, wie schnell sich darüber ein beachtlicher Lernerfolg einstellt. Mit meinen Vorträgen bin ich u. a. häufig an Schulen. Da stehe ich dann vor 600 bis 800 Schülern in einer Aula und du kannst dir sicher leicht vorstellen, wie unheimlich begeistert und motiviert die pubertierenden Jugendlichen sind. Ich frage dann gerne provokant: „Mal ehrlich, wer von euch hat jetzt total Bock auf Gedächtnistraining?" Dann grummelt die Masse etwas vor sich hin, winkt ab und es ist mehr als klar: 95 % denken – was will der komische Vogel da vorne von uns? Trotzdem lassen sich viele Schülerinnen und Schüler auf einen Deal ein: „Ihr hört mir jetzt zehn Minuten zu und wenn ihr dann immer noch denkt, dass ihr hier eure Zeit verschwendet, dann dürft ihr von mir aus gehen." Fast alle bleiben. Sie sind innerhalb kürzester Zeit nicht nur mit Eifer bei der Sache. Es passiert noch etwas Großartiges – sie sind von sich selbst begeistert.

Wie das möglich ist? Ganz einfach, weil sie sich auf einmal etwas merken können. Für mein Gedächtnistraining gilt: Je verrückter, je grotesker, je fantasievoller oder auch schmerzhafter die kleinen Geschichten ausfallen, die letztlich der Schlüssel zur Merkfähigkeit sind, desto leichter setzen sie sich in unseren Gehirnwindungen fest.

Hinsichtlich der Entstehung dieses Buches gibt es übrigens noch eine weitere, rein persönliche Motivation: Vergangenheitsbewältigung. In meinem ersten Leben war ich nämlich Banker. Unter uns: Das mit Abstand Spaßigste an meiner Ausbildung damals war, dass sich der Bürostuhl gedreht hat. Mein Vorgesetzter war nämlich ein ganz harter Hund. Er sagte mal zu mir: „Hofmann, Sie müssen den Kunden so schnell über den Tisch ziehen, dass er die entstehende Reibung als Nestwärme empfindet." Ich weiß nicht genau, ob er das wirklich ernst gemeint hat – ich befürchte aber schon. Als wir mal einen Dankesbrief an einen unserer vermögendsten Kunden formulierten, fragte ich den gleichen Vorgesetzten, ob er bei diesem stadtbekannten Gauner, bei diesem Halsabschneider, wirklich mit „Hochachtungsvoll" unterschreiben wolle. Er antwortete: „Hofmann, Sie haben vollkommen recht. Schreiben Sie lieber: Mit kollegialem Gruß!"

Wie dem auch sei: Wir legen jetzt los und ich wünsche dir viel Spaß und Erfolg bei unserem gemeinsamem „Gehirn-Joking".

Dein

Markus Hofmann

1 GANZ SCHÖN WITZIG

Warum wir über Witze lachen müssen

Bevor wir damit beginnen, uns gute Witze einzuprägen, möchte ich noch ganz kurz der Frage nachgehen, warum wir überhaupt über Witze lachen. Banale Antwort: Natürlich, weil wir sie lustig finden. Aber was genau spielt sich zwischen unseren Ohren ab, bevor ein Witz wirklich zündet? Wie du vielleicht weißt, habe ich zum Thema „Gehirn-Joking" ein eigenes Bühnen-Programm erarbeitet. Ich bin kein Comedian, aber ich kann bekanntlich ganz gut reden und so war ich neugierig, ob mir eine gute Show gelänge.

Klar war mir von vornherein, dass wir gerne über Minderheiten bzw. bestimmte Bevölkerungsgruppen lachen. Zum Beispiel über Blondinen.

WARUM STELLT EINE BLONDINE IHREN COMPUTER AUF DEN BODEN?

DAMIT ER NICHT PLÖTZLICH ABSTÜRZT.

SAGT DIE EINE BLONDINE ZUR ANDEREN: „DU, ICH STECKTE BEI DEM VERDAMMTEN STROMAUSFALL GESTERN EINE STUNDE IM FAHRSTUHL FEST."

DARAUF DIE ANDERE: „MIR GING'S NICHT BESSER. ICH STAND MIR EINE STUNDE AUF DER ROLLTREPPE DIE BEINE IN DEN BAUCH."

Warum erzählen wir uns gerne Blondinen-Witze oder Ostfriesen- bzw. Österreicher-Witze? Das ist ja vom Prinzip her das Gleiche. Rechtsanwälte, Schweizer, Beamte – die sind ja nicht dümmer oder intelligenter als andere. Aber aus irgendwelchen Gründen erklären wir in Witzen gewisse Bevölkerungsgruppen für vogelfrei und jagen sie wie die Sau durchs Dorf.

Bei Blondinen ist es angeblich der Neid!!! Blond kommt bei uns relativ selten vor und – das darf man auch nicht verkennen – Blondinen üben oft eine besondere Anziehungskraft auf das andere Geschlecht aus. Sie als doof darzustellen, ist für den Mann vielleicht eine gewisse Beruhigung, erst recht, wenn er bei diesen attraktiven Frauen nicht landen kann. Auch deswegen sind Blondinen-Witze besonders beliebt.

Als ich mich mit meinem Bühnenprogramm befasste, hörte ich auch immer wieder Chuck-Norris-Witze. Du weißt schon – Chuck Norris, der unbesiegbare Karatekämpfer und Actionheld aus der Traumfabrik Hollywood. Hier gibt's drei knallharte Beispiele für diese populäre Art von Humor.

CHUCK NORRIS TRÄGT KEINE UHR, DENN ER ENTSCHEIDET, WIE SPÄT ES IST.

CHUCK NORRIS IST UNTER DER GÜRTELLINIE SO GUT BESTÜCKT – DAS REICHT SOGAR FÜR EINE FERNBEZIEHUNG.

Ok – nicht jeder kann sich darüber schlapplachen. Aber viele.

CHUCK NORRIS ISST KEINEN HONIG – ER KAUT BIENEN.

Um dem Aufbau von Witzen und dem Geheimnis des Lacherfolgs näherzukommen, fragte ich einen Kollegen, der es wissen muss: Michael Rossié. Er nimmt das Thema Witze ziemlich ernst – ja man kann ohne Übertreibung behaupten, dass er unserem Humor ausführliche Abhandlungen gewidmet hat. In seinem Buch „Pointen – richtig gesetzt!" hat er den Witz geradezu filetiert. Er hat zu Papier gebracht, wie man Witze weiterentwickelt und optimal vorträgt.

Selbstverständlich hat er Unmengen von Witzen gelesen (weit über 80.000!), aber außerdem hat er sie noch kategorisiert. Am Ende kam Michael auf 98 Witztechniken, aber nur auf sieben große Kategorien. Das klingt nach unheimlich wenig, doch er kam zu dem Schluss, dass sich alle Pointen im weitesten Sinne in diese sieben Schubladen einordnen lassen.

Ich will dir seine sieben Sammelbecken kurz erläutern und jedes mit wenigen typischen Witzen füllen.

KATEGORIE 1

DRAMATI-
SIERUNG DER
WIRKLICHKEIT

KATEGORIE 2

DAS UNMÖGLICHE
WIRD MÖGLICH
GEMACHT

KATEGORIE 3

WIDERSPRÜCH-
LICHES

KATEGORIE 4

VERKNÜPFUNG VON
UNPASSENDEM

KATEGORIE 5

MISSVER-
STÄNDNISSE
ALLER ART

KATEGORIE 6

DUMMHEITEN UND
GEMEINHEITEN

KATEGORIE 7

SPIELE MIT DER
SPRACHE

DRAMATISIERUNG DER WIRKLICHKEIT

Gnadenlose Übertreibungen, schamlose Untertreibungen oder aufgeplusterte Banalitäten – immer, wenn Geschichten die nüchterne Darstellung verlassen, kann es schnell komisch werden. Letztlich tendieren wir oftmals auch im Alltag dazu, Situationen zuzuspitzen oder sie durch geschickte Wortwahl besonders spannend erscheinen zu lassen.

Ein schönes Beispiel für eine Untertreibung:

BEI MEINEN NACHBARN WAR GESTERN EIN BISSCHEN WAS LOS. KEINE GROSSE SACHE. EIGENTLICH KAUM DER REDE WERT. ES KAMEN NUR DREI STREIFENWAGEN UND EIN NOTARZT.

Auch schön: In diesem Fall wird eine kaum überraschende Erkenntnis äußerst eigenwillig interpretiert.

DAS UNMÖGLICHE WIRD MÖGLICH GEMACHT

Bei dieser Witztechnik spielen wir mit der Wirklichkeit. Es kann um übersinnliche Fähigkeiten gehen, um sprechende Tiere oder Gegenstände oder es steht plötzlich jemand bei Petrus an der Himmelspforte. Auch eine gute Fee könnte uns erscheinen. Letztlich sind der Fantasie hier keine Grenzen gesetzt. Je unglaublicher das Szenario, umso größer ist oft der Lacherfolg.

Ein wahrhaft himmlisches Beispiel ist dieser bekannte Witz:

Gott und Petrus haben sich zum Golfen verabredet. Gott macht den ersten Abschlag, da kommt ein großer Hund angerannt, springt hoch und schnappt sich den Ball im Flug. Plötzlich schießt ein Adler aus den Wolken herab, packt den Hund mitsamt dem Ball und steigt wieder in die Höhe. Da kracht ein Blitz herab, zerfetzt den Adler samt Hund – und der Ball von Gott landet genau im Loch. Petrus wird sauer und sagt: „Was soll der Quatsch? Spielen wir Golf oder blödeln wir hier rum?“

Was sagst du zu folgendem Anmachspruch?

ALSO WENN ICH DU WÄRE, DANN HÄTTE ICH GLEICH SEX MIT MIR.

Hier geht es zwar nicht um eine gute Fee, aber die Technik hinter dem Witz ist die gleiche:

Ein Vampir fährt nachts auf einem Tandem durch die Stadt. Unverhofft gerät er in eine Polizeikontrolle. „Na mein Herr, wie viel haben Sie getrunken?“ „Oh – es waren doch nur zwei Radler, Herr Wachtmeister.“

Mit Fantasiefiguren lässt sich generell wunderbar spielen – hier mal ein längerer Witz:

Ein LKW-Fahrer fährt über die Landstraße, als er plötzlich ein kleines blaues Männchen am Straßenrand stehen sieht. Er hält an und fragt: „Na, was bist du denn für einer?“ Das kleine blaue Männchen antwortet: „Ich komme von der Venus, bin schwul und habe Hunger.“ Der LKW-Fahrer antwortet: „Tut mir leid, ich kann dir nur ein Brötchen geben. Mehr kann ich nicht für dich tun.“ Er gibt dem blauen Männchen ein Brötchen und fährt weiter. Kurz darauf entdeckt er am Straßenrand ein kleines rotes Männchen. Er hält wieder an und fragt: „Na, was bist du denn jetzt für einer?“ Das kleine rote Männchen sagt: „Ich komme vom Saturn, bin schwul und habe Durst!“ Der nette LKW-Fahrer gibt dem Männchen eine Cola und sagt: „Tut mir leid, das ist alles, was ich für dich tun kann.“ Schließlich sieht er ein kleines grünes Männchen am Straßenrand stehen. Er hält wieder neugierig an und fragt: „Na, du kleines grünes, schwules Männchen, was kann ich dir denn Gutes tun?“ Darauf das grüne Männchen: „Führerschein und Fahrzeugpapiere, bitte!“

WIDERSPRÜCHLICHES BRINGT UNS ZUM LACHEN

Bei dieser Kategorie müssen wir meist ganz kurz nachdenken, um den Widerspruch zu erkennen und den Witz dann zu enttarnen. Mir persönlich gefällt dieser Spruch sehr gut, denn er führt uns geschickt auf die falsche Fährte:

MEINE FREUNDIN MEINT, ICH SEI EIN STALKER. – NA GUT. GENAU GENOMMEN, IST SIE NOCH GAR NICHT MEINE FREUNDIN.

Der erste Eindruck von der Situation verkehrt sich hier wunderbar ins Gegenteil.

Ein Klassiker, der praktisch nur aus Widersprüchen besteht, ist dieses Gedicht eines unbekannten Autors. Hast du die beiden ersten Strophen auch mal auswendig gelernt?

**Dunkel war's,
der Mond schien helle,
schneebedeckt die grüne Flur,
als ein Wagen blitzeschnelle,
langsam um die Ecke fuhr.**

**Drinnen saßen stehend Leute,
schweigend ins Gespräch vertieft,
als ein totgeschoss'ner Hase
auf der Sandbank Schlittschuh lief.**

Einsortiert werden von Michael Rossié in dieser Kategorie auch Witze, die nach dem Motto „Ich habe eine gute und eine schlechte Nachricht" funktionieren. Das folgende Beispiel finde ich ziemlich glaubwürdig:

Zwei Möbelpacker müssen ein Klavier in den 10. Stock schleppen. Plötzlich sagt der eine zu seinem Kollegen: „Ich habe eine gute und eine schlechte Nachricht für dich. Die gute ist – wir haben es unfallfrei schon bis in den 8. Stock geschafft. Die schlechte: Ich glaub wir sind im falschen Haus!"

DIE VERKNÜPFUNG VON UNPASSENDEM

Bei dieser Art von Witzen findet zusammen, was nicht zusammen gehört. Oft werden Dinge oder Begriffe in eine neue, unerwartete oder absurde Relation zueinander gesetzt – meist löst sich die seltsame Situation dann auf wundersame Art und Weise in Wohlgefallen auf. Gerne werden auch Sprüche aus einem bekannten, ganz spezifischem Zusammenhang in ein völlig anderes, eigentlich unpassendes Umfeld gerückt.

Hier wieder zwei Beispiele:

DER ARZT SCHAUT BETROFFEN INS ÜBERFÜLLTE WARTE-ZIMMER: „IST ZUFÄLLIG EIN BESTATTER UNTER IHNEN?"

Wer eine Allergie gegen schlüpfrige Witze hat,
kann den nächsten ja überspringen.

Ein Börsenmakler geht mit seiner Frau ins Bett. Er: „Schatz, die Aktien steigen rasant, der Kurs ist fest.“ Sie antwortet: „Tut mir leid. Aber die Börse ist leider noch geschlossen.“ Da wendet sich der Makler enttäuscht von ihr ab. Nach einer Weile meldet sich die Frau wieder: „Die Börse ist jetzt geöffnet. Ich nehme deine Aktien gerne zum Höchstwert auf.“ Brummt er: „Vergiss es. Ich habe sie gerade schon unter Wert verschleudert.“

MISSVERSTÄNDNISSE ALLER ART

Klar – bei jeder Konversation kann es zu amüsanten oder auch ärgerlichen Missverständnissen kommen. Angeblich wurden schon mittelschwere Beziehungskrisen ausgelöst, bloß weil Paare SMS unterschiedlich interpretiert haben.

Köstlich sind immer wieder falsch angewendete Fremdwörter. Auch die fallen in diese Kategorie. Ein guter Bekannter von mir, Max Mayerhofer, bezeichnet sich selbst als Wortwitz-Fetischist. Er jongliert in atemberaubendem Tempo mit Begriffen – stets hat er im richtigen Moment zielsicher ein falsches Fremdwort zur Hand.

Auch auf meiner DVD „Gehirn Joking für Männer" kommt Mayerhofer mit spitzer Zunge zu Wort. So stellt er sich vor:

„Wissen Sie – ich bin schon sehr renitent und habe nicht umsonst sechs Jahre auf der Handelsepidemie verbracht, bevor ich 1988 prostituierte. Kurz darauf eröffnete ich in der Diphtherie von Wien ein Herren-Inspektionsgeschäft, wo man übrigens auch diese wunderschönen, kastrierten Hemden erstehen kann. Mitten im Geschäft kann man über eine Lavendeltreppe ins Obergeschoss gelangen – meine zukünftige Ex-Frau und ich leben dort in einer unansehnlichen Marionettenwohnung."

Berühmt sind auch die „letzten Worte“:

DIE LETZTEN WORTE DES BEIFAHRERS: RECHTS IST FREI.

DIE LETZTEN WORTE DES TÜRSTEHERS: NUR ÜBER MEINE LEICHE.

Auch sexuelle Anspielungen bzw. Doppeldeutigkeiten gehören zur Kategorie „Missverständnisse aller Art“:

WO FINDET DIE FRAU EINES FERNFAHRERS AN OSTERN DIE EIER? WIE IMMER DIREKT UNTER DER STOSSSTANGE.

SAGT DER DIRIGENT VOR DER AUFFÜHRUNG ZU SEINEM ORCHESTER: ALLE BLÄSER, DIE JETZT NOCH KEINEN STÄNDER HABEN, GEHEN BITTE NACH OBEN UND HOLEN SICH EINEN RUNTER.

DUMMHEITEN UND GEMEINHEITEN

Schwarzer Humor, körperliche Gebrechen, Idioten, Schadenfreude oder dumme Kinder – in diese Witz-Schublade gehört, was wir als richtig fies empfinden. Die Gemeinheit kann als Reim daherkommen:

ALLE SCHAUEN AUF DAS BRENNENDE HAUS – AUSSER KLAUS, DER SCHAUT HERAUS.

ALLEN STEHT DAS WASSER BIS ZUM HALS, NUR NICHT HEINER, DER IST KLEINER.

Meist aber sind es auch hier kurze, bösartige Witze. Wobei die Bandbreite von harmlos bis geschmacklos reicht:

ZWEI KANNIBALEN FRESSEN MARIO BARTH. SAGT DER EINE ZUM ANDEREN: „DER SCHMECKT ABER KOMISCH."

ICH SAH SO ZWEI TYPEN IM PARTNER-LOOK. ICH FRAGTE DIE, OB SIE SCHWUL SEIEN. DANN HABEN DIE MICH VERHAFTET.

SIE: „JETZT REICHT'S. WARUM LAUFEN SIE DENN DIE GANZE ZEIT HINTER MIR HER?" ER: „JETZT WO SIE SICH UMDREHEN, FRAGE ICH MICH DAS EHRLICH GESAGT AUCH."

SPIELE MIT DER SPRACHE

Man kann Wörter verändern oder neue kreieren – entscheidend ist, dass sie eine Assoziation auslösen. Das ursprüngliche Wort, die Wurzel der Neuschöpfung ist noch leicht erkennbar, obwohl die neue Form noch mehr Assoziationen in unserer Vorstellung auslöst. Was hier etwas kryptisch klingt, lässt sich über Beispiele leicht verdeutlichen:

WIE HEISST DER SCHWEDISCHE FAMILIENMINISTER?
LASSE SAMSTROEM.

ER IST EIN ZIEMLICHER EHRGEIZHALS.

WAS HEISST TASCHENDIEB AUF CHINESISCH?
LANG-FING.

WAS HEISST LADENDETEKTIV AUF CHINESISCH?
LANG-FING-FANG.

EIN MANN MIT ZWEI LINKEN FÜSSEN BETRITT EINEN SCHUHLADEN: „HABEN SIE AUCH FLOP-FLOPS?"

„KÖNNEN SIE MIR SAGEN, WIE ICH AUF DEM SCHNELLSTEN WEG AUS DIESEM BORDELL KOMME?" „NEHMEN SIE DOCH EINFACH DEN AUSPUFF."

Eckart von Hirschhausen hat mal mit einem Wortspiel klar gemacht, warum er nicht gerne in die Sauna geht:

„KAUM BIST DU DRIN, WIRD DIR KLAR, WOHER DER NAME KOMMT: SAU NAH."

Doch genug von dieser Kategorisierung und den lustigen Beispielen. Für alle, die dem Humor auf den Grund gehen wollen, möchte ich nun noch einen ganz kurzen Schlenker zu dem populären britischen Wissenschaftler Prof. Richard Wiseman machen.

Auf der Suche nach dem besten Witz der Welt

Im Jahr 2004 organisierte der bekannte Psychologe Richard Wiseman an der University of Hertfordshire einen der größten sozialwissenschaftlichen Feldversuche, die es je gegeben hat. Er begab sich auf die Suche nach dem „Besten Witz der Welt" und zwar mit Hilfe des sogenannten „Laugh Lab" – einem virtuellen Lachlabor. Prof. Wiseman forderte alle Menschen dazu auf, ihren Lieblingswitz ins „Laugh Lab" einzugeben und umgekehrt die Witze anderer zu bewerten. Letztlich machten gut 500.000 Personen aus fast 70 Ländern mit – insgesamt stellten sie rund 40.000 Witze zur Bewertung ins Netz. Ein Ergebnis dieser Studie hat unter anderem gezeigt, welches das lustigste, das witzigste, das humorvollste Volk auf diesem Planeten ist. Rate mal, wer das wohl sein könnte. Richtig! WIR! Die Deutschen! Kein Witz. Wir sind Humor-Spitzenreiter.

Wir Deutschen fanden die vorgestellten Witze im „Laugh Lab" im Vergleich mit allen anderen teilnehmenden Nationen am witzigsten. Wiseman betont in der Auswertung, dass wir Deutschen über absolut alles gelacht haben – also sowohl über die schlechten Witze als auch über die guten. Was heißt das genau?

Es bedeutet, dass wir nicht besonders wählerisch sind. Wir haben keinen speziellen Humor. Wir lachen einfach über alles. Das ist eines der Ergebnisse der Studie und ich finde es wunderbar.

Nun fragt sich der deutsche Bildungsbürger vielleicht: Warum ist das so? Diesbezüglich hat Mister Wiseman herausgefunden: Je zufriedener sich die Menschen einer Nation fühlen, desto weniger konnten sie sich über die Witze im „Laugh Lab" amüsieren. So fanden die Kanadier, die als sehr zufrieden gelten, die Witze aus dem „Laugh Lab" von allen Beteiligten im Schnitt am wenigsten komisch.

Wir, die als eher unzufrieden mit der eigenen Situation gelten, bewerteten sie dagegen am positivsten. Es scheint also so, als lechze ein vermeintlich unglückliches Volk nach möglichst vielen Anlässen zum Lachen.

Wie auch immer – was ist denn nun der witzigste Witz der Welt? Das Ergebnis spiegelt den kleinsten gemeinsamen humoristischen Nenner. Es ist ein Witz, der den Geschmack der Masse trifft. Nationenübergreifend ist folgender Witz der beste der Welt:

Zwei Jäger laufen durch den Wald, als einer von ihnen plötzlich kollabiert. Er greift sich zum Hals, scheint nicht mehr zu atmen und seine Augen werden glasig. Der andere Mann kramt sein Handy aus der Tasche und wählt panisch den Notruf. „Hilfe! Ich glaube mein Freund ist tot! Was soll ich tun?" Der Mann am anderen Ende der Leitung antwortet: „Beruhigen Sie sich. Als Erstes müssen Sie sichergehen, dass er wirklich tot ist." In der Leitung wird es still – dann ertönt plötzlich ein Schuss. Der Jäger nimmt das Telefon wieder zur Hand und fragt:

„Okay, und was kommt jetzt?"

Außerdem gibt's noch Unterschiede zwischen den einzelnen Nationen. Ein Japaner lacht kulturell bedingt über andere Witze als ein Araber, die Franzosen haben oft einen anderen Humor als wir. Und das bedeutet zum Beispiel: Ein englischer Lacher funktioniert nicht zwingend in den USA. Das liegt daran, dass die Menschen in Amerika den Sprachwitz – den tieferen Sinn, die berühmte zweite Ebene – der englischen Scherze nicht unbedingt verstehen. Wie heißt es so schön böse: Die Amerikaner haben den Weg von der Barbarei zur Dekadenz bekanntlich ohne den Umweg über die Kultur gemacht.

Fest steht, dass die meisten Amerikaner eher „Überlegenheitswitze" mögen, also Witze, bei denen eine Seite die andere dominiert und irgendwie dumm aussehen lässt. Hier ein gutes Beispiel:

EIN CHINESE, EIN AMERIKANER UND EIN DEUTSCHER STEHEN AUF EINEM 10-METER-TURM. PLÖTZLICH ERSCHEINT IHNEN EINE GUTE FEE: „WENN IHR GLEICH VOM TURM SPRINGT, DANN DÜRFT IHR EUCH WAS WÜNSCHEN!" DER CHINESE TRAUT SICH ALS ERSTER UND RUFT: „GRÜNER TEE". ER LANDET IN EINEM BECKEN VOLLER TEE. DANN SPRINGT DER AMERIKANER. ER SCHREIT: „100-DOLLAR-SCHEINE." ER LANDET SANFT IN EINEM BECKEN VOLLER 100-DOLLAR-NOTEN. ZULETZT KOMMT DER DEUTSCHE. ER LÄUFT AN, RUTSCHT AUS UND SCHREIT LAUT: „AU! SCHEISSE!"

APROPOS AMERIKA.
ICH HABE EINEN KUMPEL AUS AMERIKA UND DER WAR VOR ZWEI WOCHEN BEI MIR IN MÜNCHEN ZU BESUCH. IRGENDWANN MEINTE ER SO, ER HABE SEIT KURZEM DEN KÖRPER EINES GRIECHISCHEN GOTTES. ICH HABE IHN DANN DARÜBER AUFGEKLÄRT, DASS BUDDHA KEIN GRIECHISCHER GOTT IST.

HAST DU MITGEKRIEGT, DASS AUF DONALD TRUMPS ANWESEN MAR-A-LAGO IN FLORIDA KÜRZLICH DIE PRIVATBIBLIOTHEK DES PRÄSIDENTEN IN FLAMMEN AUFGEGANGEN IST? JA, JA – BEIDE BÜCHER SIND RESTLOS VERBRANNT! TRUMP WAR DARÜBER BESONDERS VERÄRGERT, WEIL ER DAS EINE NOCH NICHT MAL FERTIG AUSGEMALT HATTE.

Professor Wiseman hat noch weitere Schlüsse aus seiner Witze-Forschung gezogen. Deutlich wurde auch – und das ist wenig überraschend – dass Kinder auf völlig andere Witze anspringen als Erwachsene.

Mein 11-jähriger Sohn Alexander schmeißt sich zur Zeit über den hier weg:

WAS IST GELB UND KANN NICHT SCHWIMMEN?

EIN BAGGER!

Jetzt bringe ich noch einen, der wie ein Kinder-Witz klingt, für den man aber doch gewisse Kenntnisse braucht, um ihn zu verstehen. Die Pointe basiert nämlich auf einem Teekesselchen:

TREFFEN SICH ZWEI ROSINEN. FRAGT DIE EINE: „WAS IST DENN LOS? WIESO HAST DU PLÖTZLICH EINEN HELM AUF?“ ANTWORTET DIE ANDERE: „ICH MUSS GLEICH IN DEN STOLLEN.“

PAPI BRINGT SEINEN KLEINEN SOHN INS BETT. NACH EINER WEILE ÖFFNET DIE MUTTER GANZ VORSICHTIG DIE TÜR DES KINDERZIMMERS. DURCH DEN SPALT FRAGT SIE LEISE: „UND, IST ER SCHON EINGESCHLAFEN?“ DA ANTWORTET DER SOHN: „JA! UND ER SCHNARCHT!“

War das jetzt ein Witz für Kinder? Wohl kaum! Eher für uns Erwachsene, weil wir diese Situation kennen, sofern wir Kinder haben.

Gut. Ich springe jetzt von den Kindern zu den Omas und Opas. Ich habe festgestellt, dass sich auch die ältere Generation am ehesten über Witze amüsiert, die in ihrer Welt spielen. Mein Großvater konnte sich zum Beispiel über so etwas kaputtlachen:

ZWEI ALTE DAMEN WARTEN AM ZENTRALFRIEDHOF AUF DEN BUS. IRGENDWANN FRAGT DIE EINE: „WIE ALT SIND SIE EIGENTLICH?“ DARAUF DIE JÜNGERE: „ACHTZIG!“ DIE ANDERE: „UND DA SCHMINKEN SIE SICH NOCH?“ DA FRAGT DIE 80-JÄHRIGE ZURÜCK: „UND WIE ALT SIND SIE?“ „ICH? ZWEIUNDNEUNZIG“ DIE 80-JÄHRIGE: „UND DA FAHREN SIE NOCH NACH HAUSE?“

Bei den älteren Semestern begegnet man dann doch öfters einem geradezu morbiden Humor! Mein Großvater nahm so die Schwere aus dem Thema des Altwerdens.

Ach ja – nicht zu vergessen ist natürlich noch der tiefe, humoristische Graben zwischen Mann und Frau. Männer neigen dazu, schweres Geschütz aufzufahren, wenn sie über Frauen Witze machen. Sie sind im Kampf der Geschlechter aggressiver und gerne auch sexistisch.

Hier ein Beispiel:

WAS IST DER UNTERSCHIED ZWISCHEN EINER FRAU UND EINEM SWIMMING-POOL? – ES GIBT KEINEN! TEUER IN DER ANSCHAFFUNG, TEUER IM UNTERHALT, UND MAN IST ZU SELTEN DRIN.

DIE FRAU SAGT ZU IHREM MANN: „SCHATZ – ICH FÄND'S ECHT SCHÖN, WENN DU MIR MAL WIEDER WAS SCHMUTZIGES INS OHR FLÜSTERN WÜRDEST." ER: „OK. DEINE KÜCHE!"

Klar ist wohl, dass derartig derbe Scherze nur an den Männerstammtisch gehören.

Die beiden nächsten sind da deutlich harmloser.

IN DER LETZTEN GALLUP-STUDIE WURDE GEFRAGT, OB FRAUEN SEX MIT MARKUS HOFMANN HABEN WOLLEN. DAS ERGEBNIS: 5 % ANTWORTETEN MIT „NEIN DANKE", 20 % MIT „JA!", ABER 75 % MIT „NIE WIEDER".

DA WIR GERADE SO OFFEN REDEN: ICH HABE VOR KURZEM ZUM ERSTEN MAL VIAGRA AUSPROBIERT. DIE PILLEN SIND JA ECHT DER HAMMER! 4 ½ STUNDEN GING DAS. UNGLAUBLICH! DANACH HAB ICH MIR ALLERDINGS GEDACHT, WEGEN DIESER 10 MINUTEN MEHR BRAUCH ICH DAS ZEUG EIGENTLICH GAR NICHT ZU NEHMEN.

Frauen witzeln generell subtiler. Sie mögen Wortwitz, Sprachspiele und clevere Wendungen. Das liegt daran, dass Frauen sprachbegabter sind als Männer. Hier eine kleine Kostprobe:

MANCHER MANN FASST SICH AN DEN KOPF UND GREIFT INS LEERE.

EIN STOLZER VATER HAT SECHS KINDER. ER RUFT SEINE FRAU IMMER „MUTTER VON SECHS". SEHR ZU DEREN MISSFALLEN. EINES ABENDS AUF EINER PARTY BRÜLLT ER QUER DURCH DEN RAUM: „MUTTER VON SECHS, WIR GEHEN JETZT." SIE ANTWORTET: „BIN GLEICH SO WEIT, VATER VON VIEREN."

Das wär's mit Kategorien und unterschiedlichen Geschmäckern. Bevor wir uns gleich daran machen, Witze mit einigen bewährten Techniken der Gedächtnisweltmeister abzuspeichern, hier noch die Auflösung des Witzes aus dem Vorwort dieses Buches:

Die ältere Dame geht zum Arzt. „Herr Doktor, ich leide seit Tagen unter entsetzlichen Blähungen. Das ist mir unendlich peinlich – das Gute daran ist allerdings: Man kann sie weder hören noch riechen.“ Der Arzt nickt und verschreibt der Frau ein paar Pillen. Acht Tage später erscheint sie zum Kontrolltermin: „Herr Doktor! Was um Himmels willen haben Sie mir bloß gegeben? Meine Blähungen stinken jetzt bestialisch!“ Darauf der Arzt: „Sehr gut, Ihre Nase tut offenbar wieder ihre Arbeit. Jetzt brauchen wir nur noch ein Mittel, damit auch Ihre Ohren wieder funktionieren!“

2 GANZ SCHÖN CLEVER

Wie wir uns Witze einfach merken können

So – nach dieser kleinen Einstimmung auf unser Thema geht es jetzt richtig los. Du willst dir Witze merken? Du willst künftig immer eine Rakete abschießen, wenn danach gefragt wird? Du willst auf Partys mitreden können, Reden aufpolieren, Interviews mit Pointen garnieren? Bei der Technik, die du nun erlernen wirst, gibt es genau genommen nur zwei Zauberwörter: Wir brauchen ein **Schlüsselwort** und einen genau definierten **Ablageplatz** für diesen selbstgewählten Begriff.

Zwei alte Freunde treffen sich. Sagt der eine: „Mensch! Wahnsinn! Woher hast du denn diese geilen Cowboystiefel aus Krokodilleder?“ Antwortet der andere: „Du wirst es nicht glauben, aber ich war kürzlich auf einer Krokodil-Safari am Nil. Da kam ein riesiges Vieh auf mich zu, ich zückte mein Messer und zack – so kam ich zu meinen Schuhen.“ „Wie bitte? Das ist ja der Hammer! Das mache ich auch.“ Ein halbes Jahr später treffen sie sich wieder. Fragt der eine: „Und? Wie war's? Wo sind deine Cowboystiefel?“ Antwortet der andere verärgert: „Ach hör mir auf. Ich war am Nil, packte mir ein Krokodil, rammte ihm das Messer in den Rücken und als ich das Vieh umdrehe, hat die Sau gar keine Cowboystiefel an.“

SO – WIE MERKST DU DIR DIESEN WITZ?

Wie erwähnt, brauchen wir ein Schlüsselwort und einen Ablageplatz. Es ist ein Platz, den du dir leicht merken kannst. Man nennt ihn auch „mentalen Briefkasten" und er ist an deinem Körper. Mit der sogenannten Körperliste kann sich jedes Kind in kürzester Zeit mindestens zehn Fakten merken. Das können Witze sein, es könnte aber auch eine Einkaufsliste sein, der rote Faden für einen Vortrag oder Wissen für eine Prüfung.

Bitte lege das Buch gleich mal kurz zur Seite und richte dir die mentalen Briefkästen ein.

WICHTIG BERÜHRE DABEI DIE BETREFFENDEN KÖRPERTEILE – ES HILFT UNGEMEIN, WENN WIR INFORMATIONEN AUF VERSCHIEDENEN SINNESEBENEN VERANKERN.

Wir gehen von unten nach oben und beginnen mit den Zehen. Berühre bitte kurz deine Zehen. Im Sitzen verlangt das ein bisschen Gymnastik, aber du kannst ja aufstehen, das wäre am besten. Und falls du gerade im Zug sitzt, dann tu so, als wäre dir etwas runtergefallen. Weiter geht es mit Ablageplatz Nummer 2 – mit deinen Knien. Kurz die Knie streicheln – das tut man ohnehin viel zu selten. Es folgen die Oberschenkel, der Popo – da darfst du vielleicht jetzt wirklich aufstehen oder dich ein bisschen verrenken. Auf Platz 5 berührst du die Taille oder den Bauch. Nummer 6 ist die Brust, die 7 sind deine Schultern – da gibt es immer etwas zu massieren, auf 8 folgt der Hals, dann das Gesicht und als Ablageplatz Nummer 10 schließlich die Haare oder wahlweise deine Schädeldecke.

Da diese zehn Punkte der Körperliste für uns elementar wichtig sind, bitte ich dich jetzt, die Ablageplätze nochmals zu wiederholen. Gehe diese einfache, logisch aufgebaute Liste bitte erneut laut durch und berühre dabei jedes Körperteil bewusst.

Festgestellt habe ich über die Jahre, dass es letztlich reicht, wenn man sich Nummer 5 und Nummer 7 der Körperliste besonders gut einprägt.

#10
HAARE
#9
GESICHT
#8
HALS
#7
SCHULTER
#6
BRUST
#5
BAUCH
#4
PO
#3
OBER-
SCHENKEL
#2
KNIE
#1
ZEHEN

#5
BAUCH

NUMMER 5

#7
SCHULTER

NUMMER 7

Bitte berühre mal mit den fünf Fingern der rechten und linken Hand deine Taille. Hier (oder wahlweise auf deinem Bauch) ist Briefkasten **Nummer 5**.

Und bei Punkt 7? Stell dir einfach vor, dass auf deiner Schulter Schneewittchen und die sieben Zwerge sitzen. Kannst du sie sehen? Sag doch mal „Hallo!" zu den sieben Zwergen. Ablageplatz Nummer 7 ist deine Schulter und das merkst du dir ganz einfach über die Zwerge.

DU FINDEST DAS VERRÜCKT?

Ist es aber nicht. Letztlich ist es völlig zweitrangig, wie du dir eine Information merkst – entscheidend ist, dass du sie parat hast, wenn sie benötigt wird.

#1 ZEHEN

Nun aber zurück zu unserem Witz mit den Krokodilen bzw. den begehrten Cowboystiefeln. Das Schlüsselwort, mit dem wir auf den Witz kommen, ist – da sind wir uns wohl einig – „Cowboystiefel aus Krokoleder". Wir verknüpfen diese „Cowboystiefel" nun mit unseren Zehen, mit Platz 1 der Körperliste. Verknüpfen bedeutet, dass wir uns ein Bild bzw. eine kleine Geschichte zu den „Cowboystiefeln" ausmalen. Bilder kann sich der Mensch besonders leicht einprägen und generell gilt: Je fantasievoller, je verrückter, je origineller die Bilder sind, umso MERK-würdiger sind sie für unser Gehirn. Absurdes, Lustiges, Erotisches, Ekliges oder Schmerzhaftes prägt sich leichter ein als das Stinknormale. Es ist einfach würdig, es sich zu merken!

Nun ist es mit den Cowboystiefeln aus Krokoleder und deinen Zehen zufälligerweise besonders leicht. Die Stiefel gehören an deine Füße, aber wir garnieren das Ganze mit der Vorstellung von ausgelatschten, verdreckten und stinkenden Botten, die du da über deine nackten Zehen stülpst. Mit so etwas würde dich deine Mutter wahrscheinlich nie rumlaufen lassen. Und in die Wohnung kämst du damit schon gar nicht. Hast du das Bild vor Augen? Ok! Dann können wir jetzt zum nächsten Witz übergehen, doch vorher gibt es noch einen wichtigen Tipp!

ÜB

Bevor wir weitermachen, musst du die schmutzigen Botten erst einmal wieder ausziehen. Dann will ich deine Aufmerksamkeit noch auf einen sehr wichtigen Faktor beim Abspeichern von Witzen lenken. Das Ablegen der Schlüsselwörter in die mentalen Briefkästen ist der entscheidende Schritt. Wer Witze aber wirklich flüssig erzählen will, der muss entweder ein Meister der Improvisation sein oder aber schlicht und ergreifend auch mal ohne Publikum üben. Damit ist keinesfalls stures Auswendiglernen gemeint, doch sich Witze locker zwei-, dreimal – gerne auch vorm Spiegel – zu erzählen, das hilft schon ungemein.

EN

#2 KNIE

Komm mit – wir machen gedanklich einen Ausflug in ein zünftiges Wirtshaus.

Die Chefs der Brauereien Erdinger, Spaten und Paulaner sitzen im Biergarten und geben ihre Bestellungen auf. Der Paulaner-Chef ordert selbstverständlich ein Paulaner-Weizenbier, der Spaten-Chef besteht auf ein Spaten-Weizenbier und anschließend bestellt der Erdinger-Chef ein Glas Milch. Die beiden anderen schauen ihn verdutzt an und fragen: „Mei, was ist denn mit dir los?" Sagt der ganz trocken: „Mei, wenn ihr kein Bier trinkt, dann trink ich auch koans."

Nun geht es wieder darum, diesen Witz mit Hilfe der Körperliste abzuspeichern. Was war noch gleich Ablageplatz Nummer 2? Richtig. Unsere Knie. Stell dir jetzt vor, dass du dir mit einer Brechstange beide Kniescheiben wegsprengst. Aus dem offenen linken Knie schießt eine Bier-Fontäne und aus dem anderen tropft ein Glas Milch. Das mit der Brechstange kommt dir vielleicht brachial und schmerzhaft vor, aber genau deshalb wähle ich dieses Bild. Es brennt sich ein und genau diesen Effekt wollen wir erzielen. Also: Unsere Schlagwörter für diesen Witz sind das Bier und die Milch – beide sind auf deinen Knien „MERK-würdig" platziert.

#3 OBERSCHENKEL

Unser nächster Lach-Stopp führt uns in den Zoo.

Papa und Sohn machen einen Ausflug in den Zoo. Kaum sind die beiden angekommen, sagt der Sohn: „Hui – das ist aber ein extrem hässlicher Gorilla da im Käfig.“ Der Vater drängt ihn rasch zur Seite und zischt: „Sei still! Wir sind doch erst an der Kasse.“

Hast du den dritten Ablageplatz parat? Es geht jetzt um deine Oberschenkel und wir stellen uns nun vor, dass auf deinem Schoß ein fieser Gorilla sitzt. „Hässlicher Gorilla im Kassenhäuschen“ ist unser Schlagwort und du wirst sehen: Mehr braucht man nicht, um diesen Witz als Bild abzuspeichern. Das Drumherum, also den Rest des Witzes, bekommst du von deinen grauen Zellen quasi geschenkt.

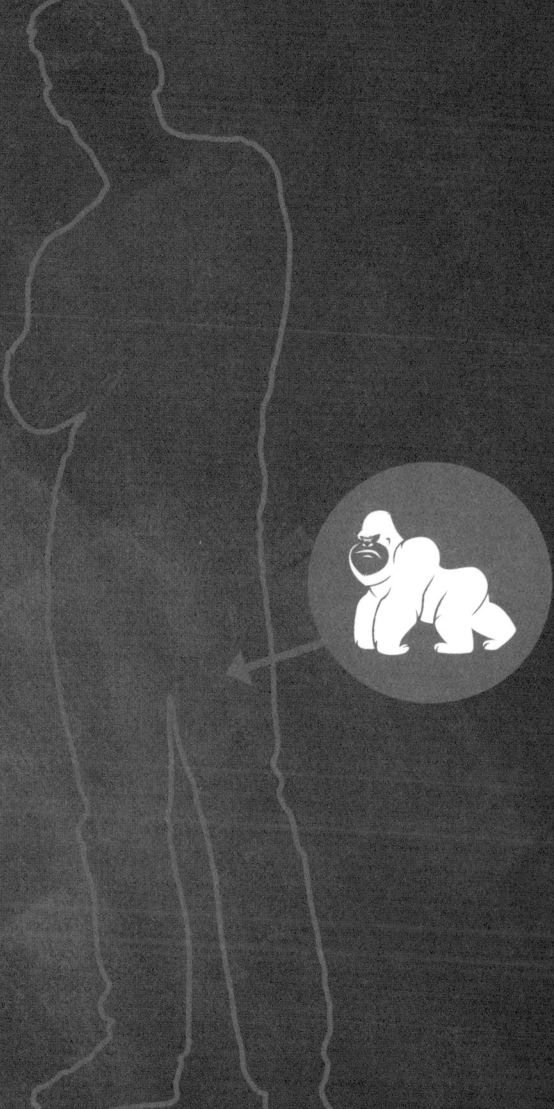

Jetzt schick den Gorilla wieder zum Bananenessen. Denn auf uns wartet Witz Nummer 4. Ok – tauchen wir gemeinsam ab ins Reich der Raubfische.

Papa Hai und Sohn Hai schwimmen am Strand entlang. Sagt der Sohn: „Boah, is das heute langweilig. Lass uns doch mal wieder was Verrücktes machen." Darauf der Vater: „Ok – lass uns einen Surfer fressen." Der Sohn ist von dem Vorschlag begeistert und die beiden halten nach einem Opfer Ausschau. „Da vorne. Der ist es", sagt der Vater. „Pass auf – wir kreisen jetzt eine Stunde um ihn herum und dann: zack. Schnappen wir uns den Kerl." Gesagt getan. Die beiden ziehen ihre Bahnen und dann machen sie sich über den Surfer her. Danach sagt der Sohn: „So – das war ja echt köstlich, aber warum um Himmels willen sind wir erst eine Stunde um den Surfer herumgeschwommen?" Darauf der Alte: „Leer geschissen schmeckt er einfach besser."

Neuer Witz, neuer mentaler Briefkasten. Du erinnerst dich an Ablageplatz Nummer 4? Genau – wir sind jetzt bei unserem Allerwertesten. Das passt ziemlich gut, finde ich. denn wir können hier als Schlagwort der Einfachheit halber „leer geschissen" nehmen. Wenn wir später die Körperliste durchgehen und am Popo angekommen sind – dann fallen uns beim Stichwort „leer geschissen" auch die Haie wieder ein. Du wirst sehen: Das funktioniert. Und ich verspreche, das bleibt auch der einzige Witz zu diesem „besch…" Thema.

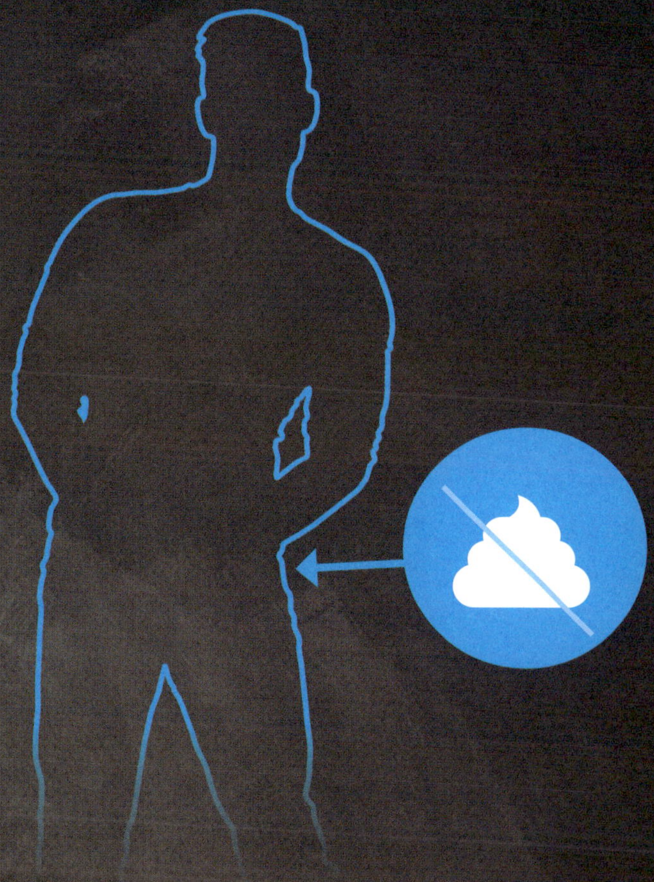

Alternativ könnten wir uns auch merken: „Scheiße! Zwei Haie". Vielleicht stellen wir uns dabei den Gebissabdruck eines Hais in unserer Arschbacke vor. Auch dieses Bild würde zum Erfolg führen. Das ist übrigens ein ganz wichtiger Punkt: Es funktionieren immer viele Bilder! Es gibt nicht nur den einen Weg. Mit ein bisschen Fantasie lässt sich alles auf unserem Körper abbilden. Am Ende musst du dich nur für ein Bild entscheiden!

Fünfte Anekdote – bitte folge mir dazu in ein Krankenhaus. Und zwar in das Wartezimmer vor dem Kreißsaal.

Ein Bayer, ein Österreicher und ein Afrikaner warten vor dem Kreißsaal des Krankenhauses ungeduldig auf ihren Nachwuchs. Plötzlich kommt die Krankenschwester und erklärt peinlich berührt: „Gratulation, meine Herren, Sie sind alle Papa von jeweils einem großartigen Jungen geworden. Doch uns ist leider ein kleines Missgeschick passiert, wir haben die Kinder aus Versehen irgendwie vertauscht. Wenn Sie bitte mitkommen würden, damit wir anhand der Ähnlichkeiten zuordnen können, welches Baby wem gehört." Der Bayer drängelt sich unwirsch vor und macht den Anfang. Nach einer Minute kommt er strahlend mit dem schwarzen Baby heraus. Die Krankenschwester schaut leicht irritiert: „Also, nichts für Ungut – aber das ist doch mit Sicherheit nicht Ihr Baby, oder?" Darauf der Bayer: „Das mag schon sein, aber bevor ich nicht genau weiß, wer der Österreicher ist ..."

Wir gehen nun wieder nach dem gleichen Prinzip vor: Bitte lege dir ein süßes, schwarzes, schreiendes Baby auf den Bauch. Dieses Bild ist unsere Brücke zum Witz.

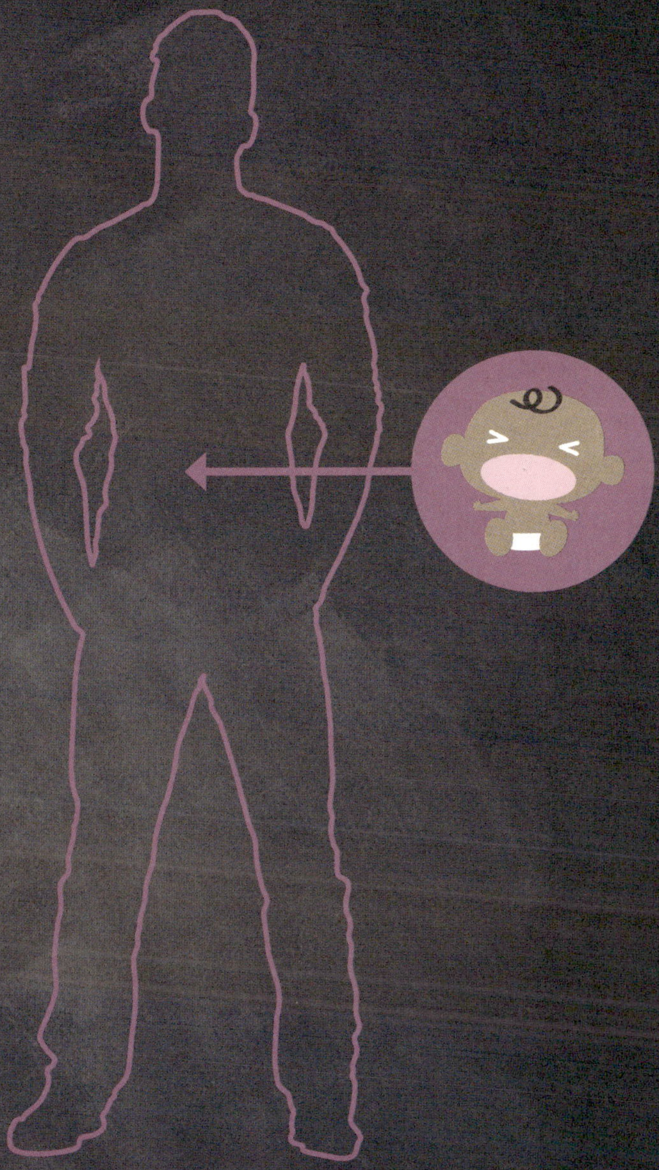

Es schadet nicht, das Erlernte und Gemerkte ein paar Mal durchzugehen – beim Autofahren, beim Duschen oder beim Sex. Lass uns daher bitte kurz rekapitulieren, was wir bis jetzt auf der Körperliste abgelegt haben.

ÜBER DEINE ZEHEN HABEN WIR WAS GESTÜLPT?
AUS DEINEN OFFENEN KNIEN STRÖMEN?
AUF DEINEN OBERSCHENKELN HOCKT?
WAS IST MIT DEINEM PO PASSIERT?
UND WAS LIEGT DA AUF DEINEM BAUCH?

Wunderbar. Ich gehe mal stark davon aus, dass du sämtliche Schlagwörter wie aus der Pistole geschossen genannt hast. In meinen Seminaren ist das in den Pausen immer der „Running Gag", wenn nur die Schlüsselwörter abgefeuert werden: Cowboystiefel aus Krokodilsleder, Bier und Milch, der hässliche Gorilla im Kassenhäuschen, der „leer geschissene" Surfer und das schwarze Baby – diese fünf Witze kannst du jetzt, morgen und auch in einem halben Jahr immer noch. Nicht für die nächste Woche, für das Leben lernen wir!

#6 BRUST

Weiter mit dem sechsten Gag.

Eine Frau mit langen braunen Haaren, eine Schwarzhaarige und eine Frau mit einer blonden Löwenmähne sind zu Forschungszwecken an einen Lügendetektor angeschlossen. Auf die Frage: „Würden Sie einen Millionär heiraten, der über 20 Jahre älter ist als Sie?" antwortet die Brünette: „Viel wichtiger als Geld ist mir, dass es charakterlich passt." Mmmiiieeep – der Lügendetektor schrillt auf. Die Schwarzhaarige sagt: „Ich glaube, Geld ist mir nicht besonders wichtig." Mmmiiieeep – wieder springt sofort der Lügendetektor an. Sagt die Blondine: „Ich denke …" Mmmiiieeep!

Ablageplatz 6 ist deine Brust. Du darfst jetzt wieder eine merkwürdige Verbindung zwischen deiner Brust und dem Blondinen-Witz herstellen. Bitte stell dir mal vor, dass du drei Brüste hast. Und jetzt drückst du auf jede drauf. Auf die schwarze, die brünette und die blonde. Mach dazu laut „Mmmiiieeep, Mmmiiieeep!". Es sei denn, du sitzt gerade im Bus, im Wartezimmer oder in der Kirche. Bei „Mmmiiieeep" denkst du automatisch an das Geräusch des Lügendetektors.

Bevor wir weitermachen: Nicht jede/-r steht auf Blondinen-Witze. Falls du dir lieber den hier merken möchtest – für unsere Technik ist das kein Problem. Auf deiner Körperliste kannst du ablegen, was immer du willst. Also – auf der nächsten Seite kommt meine brutale Alternative.

Ein Kerl mit großer Sonnenbrille stürmt in die Bank: „Keine Bewegung – das ist ein Überfall!" Er richtet die Waffe auf den Kassierer. „Los, alles Geld hier rein. Mach schon!" Als die Reisetasche endlich voll ist, fragt er den Mann neben sich: „Hast du den Überfall beobachtet?" Der Kunde stammelt: „Ja. Natürlich." Ohne zu zögern drückt der Bankräuber ab – BUMM ... sein Opfer sackt zusammen. Der Gangster dreht sich um und fragt eine weitere Kundin: „Was glotzt du so? Hast du mich auch gesehen, wie ich die Bank ausgeraubt habe?" Darauf sie: „Ja, ich hab's gesehen!" – BUMM! Der Bankräuber drückt erneut ab. Er geht zu einer Frau am Ausgang und fragt auch sie: „Hast du auch beobachtet, was ich hier getan habe?" – Darauf die Frau: „Nein, ich nicht! Aber mein Mann hat alles gesehen."

Na gut – wir wollen nicht hoffen, dass so etwas tatsächlich vorkommt, aber die Welt der Witze lebt ja bekanntlich von absurden Wendungen. Wie speichern wir das Drama in der Bank ab? Bitte stell dir vor, dass auf der einen Brust der bewaffnete Bankräuber steht und auf der anderen eine Frau mit ihrem Mann. Dann macht es BUMM und der Mann fällt tot um! Schrecklich, aber das Bild prägt sich garantiert ein.

#7 SCHULTER

Auf zu Witz Nummer 7.

Ein Einbrecher steigt in ein Haus ein und steht im Schlafzimmer. Plötzlich hört er eine Stimme: „Jesus sieht dich." Erschrocken leuchtet er mit seiner Taschenlampe überall im Zimmer herum, entdeckt aber niemanden. Er kommt ins Wohnzimmer und hört wieder die Stimme: „Jesus sieht dich." Dem Einbrecher wird richtig mulmig und er bekommt Angst. Er leuchtet in jede Ecke und entdeckt einen Papagei in seinem Käfig. Erleichtert fragt der Einbrecher den Vogel: „Da hast du mir ja einen schönen Schreck eingejagt. Wie heißt du denn?" Der Papagei antwortet: „Ich heiße Romeo." Da lacht der Einbrecher und sagt: „Romeo? Das ist ja ein echt dämlicher Name für einen Papagei." Da erwidert Romeo: „Das mag schon sein, aber Jesus ist auch ein echt dämlicher Name für 'nen hungrigen Pitbull Terrier!"

Wie merkst du dir den am besten? Natürlich passt bei diesem Witz zufällig alles perfekt zusammen: Unser Ablageplatz Nummer 7 ist deine Schulter und darauf sitzt links unser sprechender Papagei. Schau ruhig genau hin – auf deiner Schulter hockt der Vogel und er krächzt diesen schönen Satz: „Jesus sieht dich!" Falls du möchtest, kannst du dir auf die rechte Seite noch den zähnefletschenden Pitbull Terrier setzen.

So – nun präsentiere ich dir noch drei weitere Geschichten, zu denen du dir deine Schlagworte bitte selbst zurechtlegst und sie mit den Briefkästen verknüpfst. Bisher haben wir bereits im Köcher: Cowboystiefel aus Krokodilsleder, Bier und Milch, einen hässlichen Gorilla an der Kasse, einen leer geschissenen Po, ein süßes, schwarzes Baby, das dreifach schrille ‚Mmmiiieeep' des Lügendetektors sowie den vorlauten Papagei auf unserer linken Schulter und den niedlichen Pitbull Terrier rechts.

#8 HALS

Interessant an unserer Merktechnik ist übrigens, dass sie nicht nur bei kurzen Witzen funktioniert. Auch eine längere Story kann man sich merken, wenn man erst einmal im Thema ist. Wie findest du in diesem Sinne Witz 8?

Der neue Klassenlehrer der 4b in Gelsenkirchen will sich gleich beliebt machen. Er erzählt, dass er großer Schalke-Fan ist und fragt die Kinder, wer sonst noch Schalke-Fan ist. Alle Hände gehen nach oben, nur der kleine Max meldet sich nicht. Der Lehrer fragt:
„Nanu – was ist denn mit dir los?"
„Ich bin kein Schalke-Fan."
„Aha. Zu welchem Verein hältst du denn?"
„Ich bin Bayern-Fan und stolz darauf!"
„Bayern? Wieso denn ausgerechnet Bayern-Fan?"
„Weil mein Vater aus München kommt, bei der Allianz arbeitet und er als Jugendlicher mal beim FC Bayern Fußball gespielt hat. Außerdem hat meine Mutter auf dem Oktoberfest im Paulaner-Zelt gearbeitet. Beide sind Bayern-Fans und ich bin es auch!"
Der Lehrer ist entsetzt: „Aber Junge, du musst deinen Eltern doch nicht alles nachmachen! Stell dir doch nur mal vor, deine Mutter wäre eine Prostituierte und dein Vater ein alkoholabhängiger Arbeitsloser, was wäre denn dann?"
„Ja gut", sagt Max kleinlaut. „Dann wäre ich wohl auch Schalke-Fan."

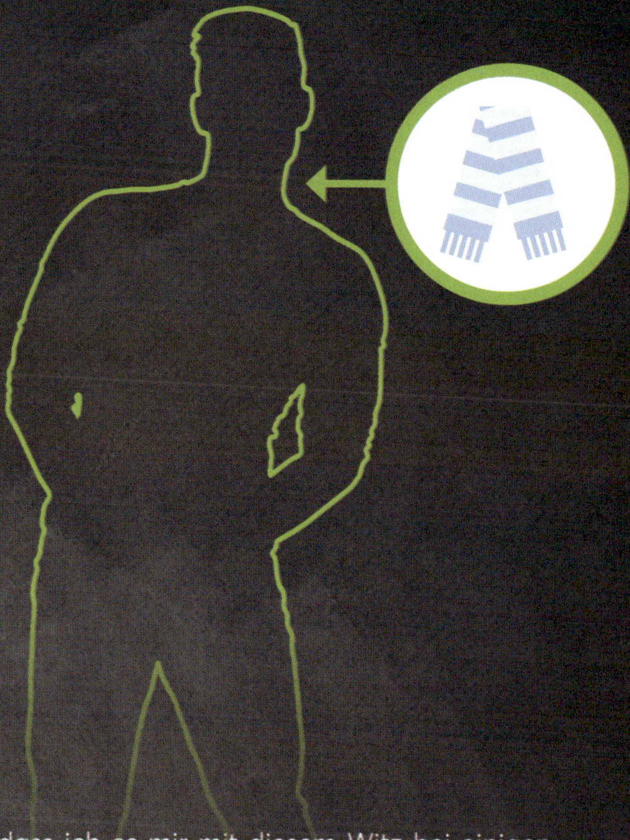

So. Ich ahne, dass ich es mir mit diesem Witz bei einigen buchstäblich verscherzt habe. Aber gut – bei Bedarf kann man den Text und besonders die Vereinsnamen ja vielleicht variieren bzw. austauschen. Viel wichtiger ist allerdings, dass du jetzt gute, emotionale Schlagwörter um deinen Hals platzierst. Vielleicht wickelst du dir einen Bayern-Schal um den Hals oder du erhängst dich mit einem Schalke-Schal? Ok! Lass das mal lieber! Ich wollte ja ohnehin keine Bilder vorgeben. Bitte lass dir doch selber etwas einfallen …

#9 GESICHT

Meine Nummer 9 habe ich zu Schulzeiten zwar so nicht erlebt, aber vorstellen kann ich mir die Situation trotzdem ganz gut.

Im Sommer steht die Lehrerin der 6. Klasse mit einem ärmellosen Top an der Tafel und schreibt mit der rechten Hand. Da meldet sich Fritzchen: „Frau Schmidt, Sie sind ja in der Achsel rasiert ...“ Die Lehrerin reagiert empört: „Fritzchen! Was soll das? Du bist unverschämt. Ich will dich heute nicht mehr sehen.“ Fritzchen grinst und geht heim. Am nächsten Tag zeichnet die Lehrerin mit der linken Hand an die Tafel. Wieder platzt es aus Fritzchen heraus: „Hui! Sie sind ja auch in der linken Achsel rasiert ...“ Frau Schmidt rastet aus: „Es kann doch wohl nicht wahr sein. Verschwinde – ich will dich den Rest der Woche nicht wiedersehen!“ Ohne zu murren verlässt Fritzchen den Klassenraum. Am Montag darauf trägt die Lehrerin extra eine langärmelige Bluse. Es kommt, wie es kommen muss. Sie schreibt an die Tafel, da bricht die Kreide ab und sie bückt sich in ihrem Minirock. Da steht Fritzchen auf und ruft: „Tschüss Leute – wir sehn uns im nächsten Schuljahr ...“

Welches Stichwort merkst du dir nun? Ich wollte dir ja kein Bild mehr vorgeben. Du sollst selbst kreativ werden. Natürlich male ich mir trotzdem etwas aus. Ich stelle mir nämlich vor, wie sich Fritzchen beim Rausgehen verschmitzt bückt. Er hebt die Kreide der Lehrerin auf und riskiert dabei ungeniert einen weiteren Blick unter deren Minirock.

#10 HAARE

Ich erzähle jetzt noch Witz Nummer 10 und damit wäre unsere Körperliste dann erstmals komplett belegt.

Zwei Polizeibeamte finden auf dem Schulhof des örtlichen Gymnasiums eine Leiche. Fragt der eine den anderen: „Du, wie schreibt man eigentlich Gymnasium?" Der andere überlegt kurz und sagt: „Komm, wir schleifen den Kerl einfach schnell vor die Post!"

Das wär's erstmal. Und nur, dass wir uns beim letzten Scherz nicht falsch verstehen: Mein Vater hat bei der Polizei gearbeitet. Und er weiß, wie man Gymnasium schreibt.

Aber im Ernst: Platziere auch hier das richtige Schlagwort auf deinem Schädel bzw. in deinen Haaren. Du kannst dir zum Beispiel eine 130-Kilo-Leiche auf deinem Kopf vorstellen. Und dann malst du dir dazu aus, wie die beiden armen Polizisten dieses Schwergewicht vom Gymnasium zur Post schleifen. Oder du balancierst einen Duden auf dem Kopf und ziehst eine Polizeimütze drüber. Schließlich wissen unsere Helden nicht, wie man Gymnasium schreibt. Aber Schluss, Ende, Aus – dir fällt sicher etwas ein ...

130 KILO

Bevor du dir nun eine kleine Pause gönnst, möchte ich die Körperliste noch einmal von unten nach oben mit dir durchgehen. Konzentration – und los geht's:

WAS HAST DU DIR ÜBER DIE ZEHEN GEZOGEN?

WAS LÄUFT AUS DEINEN OFFENEN KNIEN?

WER ODER WAS HOCKT AUF DEINEN OBERSCHENKELN?

WAS IST MIT DEINEM PO PASSIERT?

WER ODER WAS LIEGT AUF DEINEM BAUCH?

WER SITZT GESCHWÄTZIG AUF DEINER LINKEN SCHULTER?

...? ...? ...?

#1 ZEHEN **#2 KNIE** **#3 OBER-SCHENKEL**

Die Fragen zu Witz 8, 9 und 10 kennst nur du. Du hast ein persönliches, anschauliches Schlagwort gewählt und kannst dazu bestimmt auch eine passende Frage formulieren.

Meine Bilder bzw. Geschichten lauteten wie folgt:

- Um den Hals hatte ich mir einen Bayern-Schal gewickelt bzw. mich mit dem Schalke-Schal erhängt.
- Fritzchen hob die Kreide auf und riskierte noch einen Blick unter den Minirock.
- Auf meinen Kopf legte ich eine 130-Kilo Leiche, die vom Gymnasium zur Post muss.

Mein Tipp: Klapp das Buch jetzt mal zu, trink in Ruhe eine Tasse Tee, Milch oder eine kalte Holunder-Basilikum-Schorle oder ruf einen guten Bekannten an. Komm irgendwie auf andere Gedanken, denn schließlich möchte ich dir ja auch demonstrieren, wie zuverlässig die Schlagworte bereits in deinem Kopf bzw. an deiner Körperliste haften.

Im nächsten Kapitel geht's dann weiter, denn schließlich sind die zehn Witze erst der Anfang. Es ist quasi Halbzeit. Gleich erweitern wir das Spektrum und bitte vergiss nicht: Was du dir hier gerade auf die lustige Tour aneignest, das kannst du dir auch auf seriösen Gebieten zu Nutze machen. Die Körperliste unterstützt dich in so vielen Situationen. Du merkst dir damit den Spickzettel für die nächste Prüfung oder die Fragen für dein Vorstellungsgespräch oder die Argumente fürs Verkaufsgespräch oder, oder, oder …

3 GANZ SCHÖN BEEINDRUCKEND

Wie wir uns leicht noch viel mehr einprägen können

Ah – da bist du ja wieder. Ich hoffe, dass du die Pause nicht zu einer tage- oder gar wochenlangen Abwesenheit ausgedehnt hast, schließlich hatten wir mit unserem „Gehirn-Joking" ja erst den ersten Teil unseres „Witze-Marathons" absolviert.

Zum lockeren Einstieg ins bekannte Thema, serviere ich dir erst einmal diesen Fußball-Witz:

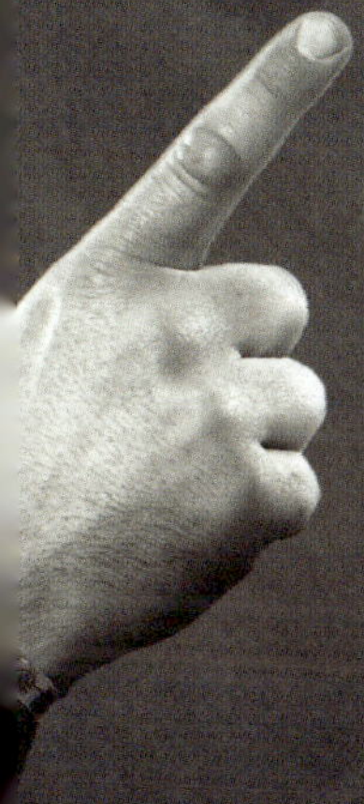

IM SOMMER 2018 FRAGT DER SOHN SEINEN FUSSBALLBEGEISTERTEN VATER: „SAG MAL – WIE HOCH IST EIGENTLICH DER MARKTWERT DER KOMPLETTEN DEUTSCHEN NATIONALMANNSCHAFT?" DARAUF DER VATER: „HÖCHSTENS DREI EURO – MEHR ALS DEN FLASCHENPFAND KRIEGST DU FÜR DIE TRUPPE LEIDER NICHT."

Na klar – dieser Witz ist nach dem glorreichen Ausschneiden von Jogi Löws Team bei der Weltmeisterschaft in Russland entstanden. Wir wollen uns aber jetzt mit einer Merktechnik befassen, die schon bedeutend älter ist. Es geht im dritten Kapitel dieses Buchs nämlich um die sogenannte „Loci-Technik", mit deren Hilfe sich bereits die Redner im alten Rom und die Philosophen Griechenlands ihre beeindruckenden Vorträge einprägen konnten. Damals gab es kein Papier mit wichtigen Notizen, geschweige denn aufwendige Power-Point-Präsentationen.

LOCI
TECHNIK

Die staatstragenden, subversiven oder revolutionären Reden mussten auswendig vorgetragen werden – den roten Faden zu verlieren, kam einer Schmach gleich. Man hätte sich vor dem Auditorium lächerlich gemacht und mit der Karriere als Denker und Rhetoriker wäre es ziemlich schnell vorbei gewesen.

WAS ALSO IST NUN DER „TRICK“ AN DER LOCI-METHODE,
MIT DEREN HILFE WIR UNS GLEICH DIE NÄCHSTEN ZEHN WITZE MERKEN WERDEN?

LOCUS= PLATZ

Das Wort Loci kommt aus dem Lateinischen und es leitet sich vom Wort „Locus" ab – auf Deutsch „Platz" bzw. „Ort". Du kennst ja wahrscheinlich den Ausdruck „Ich gehe mal eben auf den Lokus", der nichts anderes bezeichnet, als den Toilettengang oder besser: unseren Besuch auf dem stillen Örtchen.

Keine Sorge – du musst dir die nächsten Witze nicht auf der Toilette einprägen. Es geht vielmehr wieder um die Verbindung von einem Ort und einem Schlüsselwort. Nur, dass der Ort, sprich unser Ablageplatz, dieses Mal eben nicht an unserem Körper ist, sondern in einem Raum, den wir sehr gut kennen und den wir jederzeit konkret vor Augen haben. Anders gesagt: Entweder stellen wir uns diesen Raum mit seinen Ablageplätzen vor (es könnte z. B. ein Fußballstadion, eine Kirche, ein Klassenzimmer oder dein Garten sein) oder wir nehmen einfach die realen Verhältnisse vor Ort. Bei meinen Vorträgen wähle ich gerne gut sichtbare markante Punkte aus und verknüpfe diese dann in der Vorbereitung auf meinen Auftritt mit den relevanten Schlüsselwörtern. Dabei drehe ich meine Runde immer von links nach rechts – also im Uhrzeigersinn.

Stell dir doch bitte einmal folgenden typischen Raum vor: Du stehst auf einer Bühne und zu deiner Linken befindet sich ein Stehtisch. Den nehmen wir natürlich gerne als mentalen Briefkasten Nummer 1 auf. Schräg dahinter steht ein Flipchart (2) und noch weiter hinten ist ein Plakat (3) zu sehen. Mein Blick schweift weiter und bleibt als nächstes an der Ausgangstüre (4) hängen. Platz 5 könnte zum Beispiel ein Scheinwerfer sein, der in der Ecke des Saals leuchtet. Ich werde an dieser Stelle darauf verzichten noch weitere Punkte zu definieren – es geht hier nämlich nur kurz ums Prinzip: Klar definierte Punkte im Raum werden zu Ablageplätzen.

Ein Prinzip, welches sich tatsächlich schon der alte Cicero zu Nutze machte. Marcus Tullius Cicero ist der wohl berühmteste Redner des alten Roms. Er lebte von 106 bis 43 vor Christus und sein Werk wird unterteilt in seine politischen Reden vor dem Senat sowie in seine Verteidigungsreden als Anwalt vor Gericht.

Dieser kleine Ausflug in die Geschichte ist für uns nur aus einem einzigen Grund wichtig: Cicero gilt nämlich als Erfinder der Loci-Methode. In einem seiner Hauptwerke, der Schrift „De oratore" (deutsch: „Über den Redner") beschreibt er einen Rundgang durch das Forum Romanum. Diesen Fußweg kannte er in- und auswendig und die markanten Punkte nutze er als mentale Ablageplätze. Es ist überliefert, dass Cicero drei Stunden oder mehr frei sprechen konnte ohne den roten Faden zu verlieren. Auch du kannst diese Methode nutzen und solche Leistungen vollbringen. Aber gut – wir kommen zurück zum Thema: Witze merken.

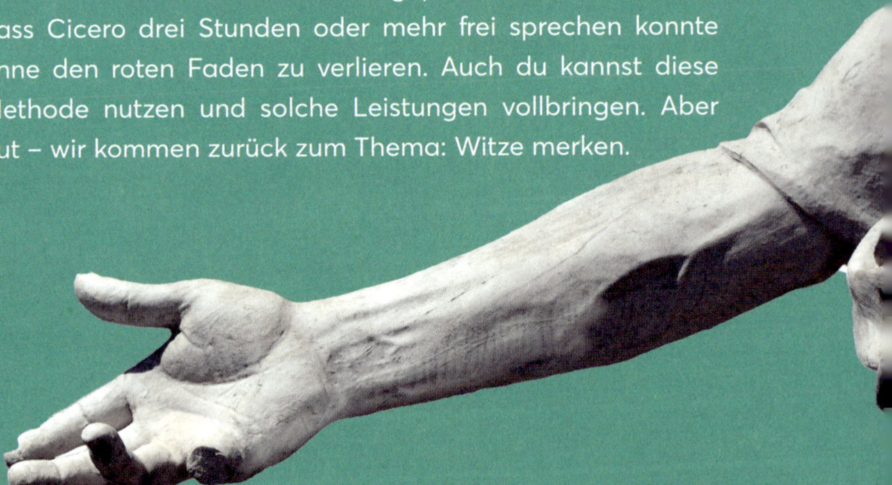

BITTE ATME DIESEN WITZ MAL GANZ GENÜSSLICH EIN:

Ein Hase liegt am Baggersee in seinem Liegestuhl und raucht einen Joint. Er ist glücklich und zufrieden mit sich und der Welt, als ihn plötzlich ein Biber anspricht: „Hey Hase, was ist denn mit dir los? Haste was geraucht? Ich will gerne was abhaben." Sagt der Hase grinsend: „Vergiss es. Das ist alles meins. Ich brauche das alles für mich." Der Biber bettelt: „Och menno. Sei nicht so. Ich hab noch nie in meinem Leben gekifft und möchte das mal probieren!"

„Na gut," sagt der Hase. „Aber nur einen Zug. Damit es sich richtig lohnt und es richtig wirkt, ziehste an dem Joint, hältst die Luft an und tauchst im See unter."

Der Biber macht genau das, was der Hase im geraten hat, zieht und taucht einmal durch den ganzen See. Er atmet aus und es haut ihn sofort um. Er legt sich an die andere Uferseite, philosophiert über sich und das Gute in der Welt und chillt so vor sich hin.

Plötzlich taucht ein Nilpferd auf und sagt: „Biber, Alter, was geht ab? Du hast bestimmt was geraucht? Gib mir mal was von deinem Zeug ab!" „Nee", antwortet der Biber. „Ich hab selber nur geschnorrt. Du musst den Hasen fragen, der gibt dir bestimmt auch was ab. Der hängt auf der anderen Seite vom See rum. Tauch mal rüber – du kannst den Kerl gar nicht verfehlen." Das gutmütige Nilpferd tut wie ihm geheißen, taucht durch den See und findet den Hasen.

Der chillt immer noch in seinem Liegestuhl und als er die Augen aufmacht, starrt er panisch das Nilpferd an und schreit: „Ausatmen, Biber, ausatmen!!!"

Da ich davon ausgehe, dass du – anders als ich – nicht ständig auf einer Bühne in einem Saal stehst, um Vorträge zu halten, kommen wir jetzt zu deiner ganz persönlichen Raumliste. Nehmen wir ein typisches Kino. Wir wenden nun die gleiche Technik an, die schon Cicero für seine freien Reden nutzte.

Bist du bereit für deinen Film? Wir betreten nun den Kinosaal, die Tür ist hinten rechts. Wir schauen nach links wo die Sitzreihen beginnen. Von dort ausgehend lassen wir unseren Blick für die mentalen Briefkästen von 11–20 (1–10 sind ja die Briefkästen an deinem Körper) einmal durch den ganzen Saal schweifen, so wie es Cicero im alten Rom in seinem Plenarsaal getan hat.

RIEFKÄSTEN

#11

Los geht es für dich mit dem **Kartenabreißer**, der an der Tür des Saals steht. Wir machen ihn zu unserem ersten Briefkasten in der Kinoliste. Er ist – aufbauend auf den zehn Ablageplätzen der Körperliste – unsere Nummer 11.

#12

Wir blicken nach links und sehen den großen **Projektor**, der durch das Loch in der Wand das Bild in den Kinosaal wirft. Briefkasten Nummer 12: Der Projektor an der hinteren Wand.

#13

Weiter geht der Blick auf die kuschligen **Logensessel** in rotem Samt. Die Logensessel werden zu Routenpunkt Nummer 13.

#14

An der linken, seitlichen Wand entdecken wir die guten, alten **Dolby-Surround-Lautsprecher** für einen satten Sound. Unsere Nummer 14 sind somit die Lautsprecher an der Wand.

#15

Die 15 ist in der linken vorderen Ecke der **Notausgang**, der in den Hinterhof führt. Stell dir das grün leuchtende Schild mit dem weißen Männchen bitte vor. Der Notausgang ist Punkt 5 im Kinosaal und wir drücken im Geiste mit unseren fünf Fingern die Tür des Notausgangs auf.

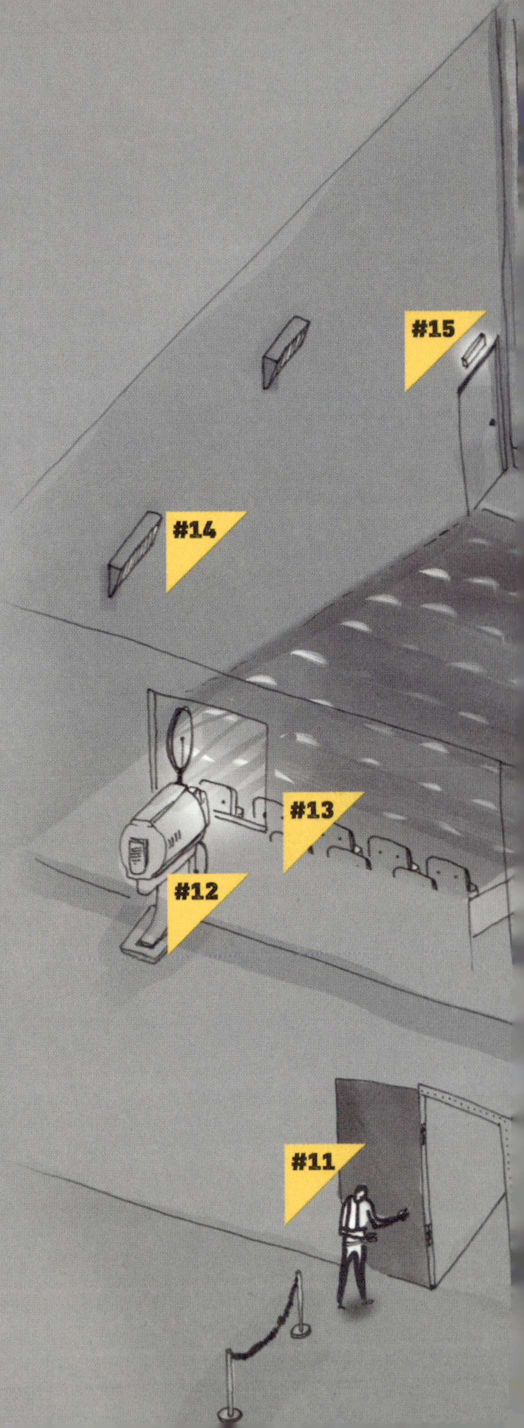

#16

Jetzt geht unser Blick weiter nach rechts auf die Bühne, zum schweren **Vorhang**. Punkt Nummer 16: Vorhang

#17

Zentral vor uns befindet sich die **Leinwand** auf der die 7 Zwerge gerade von Schneewittchen verdroschen werden. Das ist also der 7. Punkt im Kinosaal und somit insgesamt die Nummer 17.

#18

Rechts vorne neben der Leinwand siehst du den **Eisverkäufer** stehen. Den gibt es auch in jedem Kino, oder? Der Eisverkäufer bekommt die Nummer 18.

#19

Jetzt geht es über ein paar **Treppenstufen** wieder nach oben – wunderbar, wir machen die Treppe zu unserem Briefkasten Nummer 19.

#20

Und direkt neben dir auf der rechten Seite siehst du den **Lautstärkeregler**, mit dem man den Ton im Kinosaal anpassen kann. Somit ist der letzte Briefkasten in diesem Raum der Lautstärkeregler. Die Nummer 20!

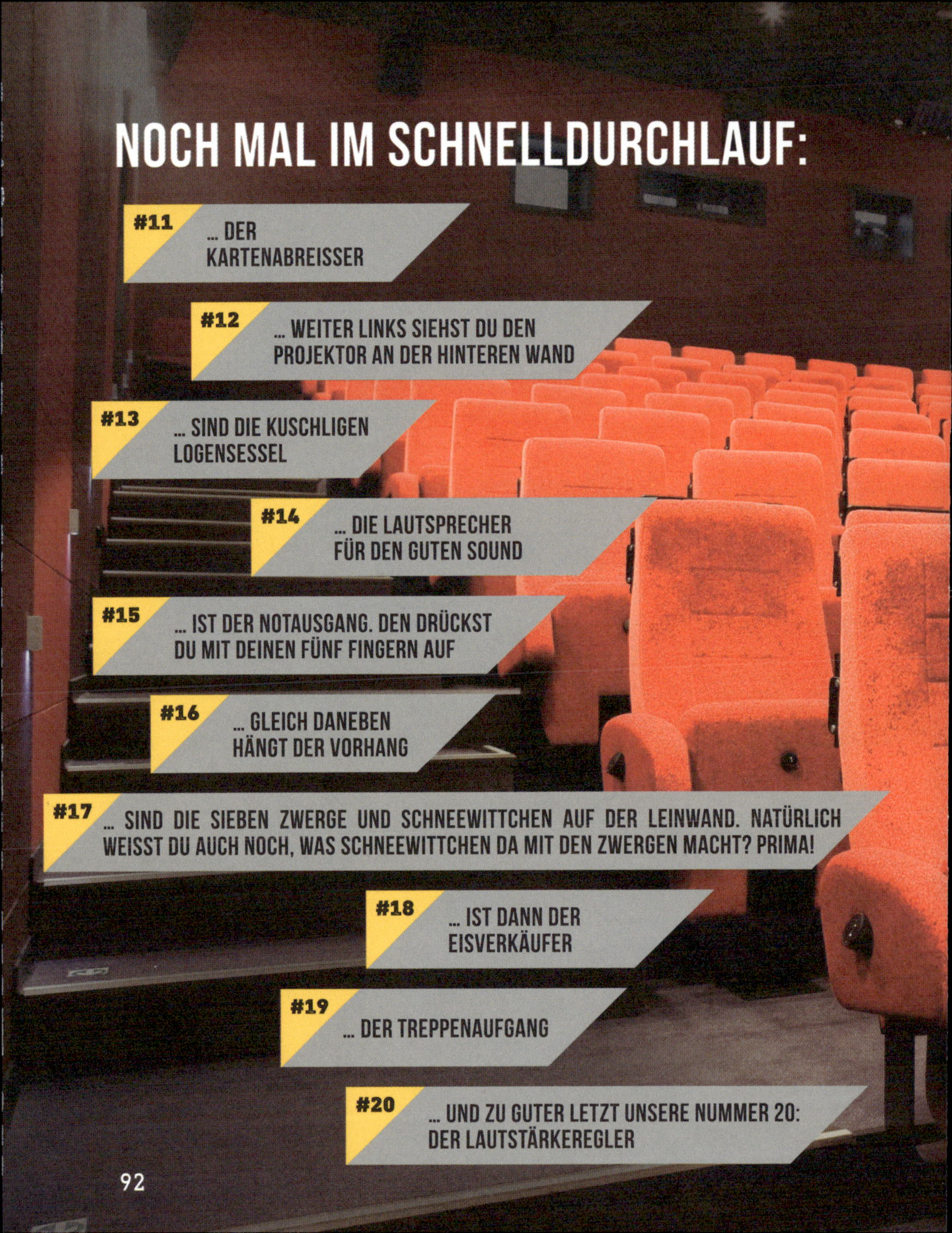

NOCH MAL IM SCHNELLDURCHLAUF:

#11 … DER KARTENABREISSER

#12 … WEITER LINKS SIEHST DU DEN PROJEKTOR AN DER HINTEREN WAND

#13 … SIND DIE KUSCHLIGEN LOGENSESSEL

#14 … DIE LAUTSPRECHER FÜR DEN GUTEN SOUND

#15 … IST DER NOTAUSGANG. DEN DRÜCKST DU MIT DEINEN FÜNF FINGERN AUF

#16 … GLEICH DANEBEN HÄNGT DER VORHANG

#17 … SIND DIE SIEBEN ZWERGE UND SCHNEEWITTCHEN AUF DER LEINWAND. NATÜRLICH WEISST DU AUCH NOCH, WAS SCHNEEWITTCHEN DA MIT DEN ZWERGEN MACHT? PRIMA!

#18 … IST DANN DER EISVERKÄUFER

#19 … DER TREPPENAUFGANG

#20 … UND ZU GUTER LETZT UNSERE NUMMER 20: DER LAUTSTÄRKEREGLER

So, das Kino haben wir also vor Augen. Falls du gerade in deinem Wohn- oder Arbeitszimmer sitzen solltest, schau dich dort bitte mal um – ausgehend von der Tür. Findest du zehn Ablageplätze, die sich geradezu aufdrängen? Bau dir deine Route durchs Zimmer zusammen – vielleicht wird sie zu deinem Werkzeug für künftige, merkwürdige Projekte. Im Buch arbeite ich mit den Punkten aus dem Kino weiter. Viel Spaß!

#11

Ich erzähle dir jetzt Witz Nummer 11. Den bekifften Hasen hatte ich nur mal so dazwischen geschoben. Wirklich merken sollst du dir aber jetzt den hier aus der Kategorie Computer.

Zwei Informatik-Studenten treffen sich auf dem Campus. Sagt der eine: „Mensch, woher hast du denn das tolle Fahrrad?" Darauf der andere: „Als ich gestern im Park spazieren ging, fuhr ein hübsches Mädchen mit diesem Rad an mir vorbei. Plötzlich blieb sie stehen, warf das Rad zur Seite, riss sich ihr Kleid vom Leib und schrie: ‚Nimm dir, was du willst!'" Der Freund nickt nur zustimmend: „Gute Wahl – mit den Klamotten hättest du ja eh nichts anfangen können."

Mir ist so etwas im Englischen Garten noch nie passiert. Ich habe ja auch schon ein Fahrrad. Aber egal – die Szene gefällt mir. Wir gehen nun nach dem eben kennengelernten Prinzip vor und verknüpfen den Witz mit unserem ersten mentalen Briefkasten im Kino – dem Kartenabreißer. Ich stelle mir vor, dass er sich die Klamotten vom Leib reißt, er nackt eine Runde auf dem Rad durch den Kinosaal dreht. Es könnte sogar gut sein, dass er Informatik-Student ist. Wir prägen uns ein: Ticketabreißer – Klamotten runter – Fahrrad her. Na klar – der ein oder andere wird jetzt vielleicht einwenden, dass das Bild nicht reicht. Aber wenn du erst einmal auf die Informatik-Studenten kommst, ergibt sich der Rest!

Bevor es mit dem nächsten Witz weitergeht, geh bitte die von mir festgelegten Ablageplätze des Kinos nochmals gedanklich durch. Welche 10 Punkte haben wir definiert? Spaziere eine Runde durch das Kino – passiere Platz 11–20 und das Ganze gerne auch mal rückwärts. Es ist wichtig, dass du diesen Rundgang verinnerlichst. Wir nutzen die Macht der Bilder und deshalb soll dieser ganz kleine Film vor deinem geistigen Auge ablaufen. Wenn das funktioniert, ist alles Weitere ein Kinderspiel.

#12

Und damit kommen wir zu Witz Nummer 12 – ein typischer Fritzchen-Witz.

Immer häufiger taucht ein fremder Mann bei Fritzchens Mutter auf. Ohne Umschweife verschwinden die beiden im Schlafzimmer. Eines Tages wird es Fritzchen zu bunt. Er versteckt sich vorher im Kleiderschrank, um zu beobachten, was die beiden so treiben. Kaum sind sie nackt, da kommt plötzlich Fritzchens Papa nach Hause. In ihrer Not schiebt die Frau den Liebhaber schnell in den Schrank. Daraufhin flüstert Fritzchen: „Ganz schön dunkel hier drin." Der Mann zuckt zusammen und sagt nur: „Stimmt." Darauf Fritzchen: „Du, ich habe hier einen Fußball." Der Mann: „Schön für dich." Fritz: „Willst du den kaufen?" Der Mann: „Spinnst du? Nein danke!" Fritzchen: „Mmmh – überleg dir das gut. Mein Vater ist da draußen." Der Mann: „In Gottes Namen. Wie viel soll der Ball denn kosten?" „250 Euro". Der Liebhaber knirscht mit den Zähnen und bezahlt. In den nächsten Wochen passiert es noch mal, dass der Sohn und der Liebhaber im gleichen Schrank enden. Fritzchen sagt wieder: „Ganz schön dunkel hier drin." Der Mann: „Du sagst es." Der Sohn: „Ich habe hier ein paar Fußballschuhe." Der Mann beißt sich wieder auf die Zähne: „Ok! Wie viel?" Fritzchen frech: „500 Euro." Am Wochenende darauf sagt der Vater zu seinem Sohn: „Fritzchen, hol deine Fußballsachen und lass uns eine Runde kicken." Da sagt der Sohn: „Daraus wird leider nichts. Ich habe den Ball und die Schuhe verkauft." Der Vater: „Wie bitte? Was hast du denn für die Sachen verlangt?" Der Sohn: „750 Euro." Der Vater: „Nein. Es ist doch wirklich unfassbar, wie du deine Freunde über den Tisch ziehst. Das ist ja viel mehr, als die Sachen jemals gekostet haben. Morgen gehen wir in die Kirche und dann kannst du deine Sünden beichten." Gesagt getan – der Vater schleppt Fritzchen in die Kirche zur Beichte. Die Tür des Beichtstuhls geht zu und Fritzchen sagt: „Mmh – ganz schön dunkel hier drin." Darauf entfährt es dem Pfarrer: „Jetzt reicht es mir aber. Hör endlich mit dem Scheiß auf."

Tja – wer hätte das gedacht! Wir jedenfalls denken an unseren nächsten Ablageplatz und kommen zu einem leichten, weil sehr passenden Bild. Der Projektor steht in einem kleinen Raum, der zu einem Beichtstuhl umfunktioniert wurde. Und neben dem Projektor lehnen der Pfarrer und der kleine Junge.

#13

Wir machen gleich weiter und kommen zu Witz Nummer 13. Bitte male dir doch mal diese Situation aus.

Auf dem Gang eines Krankenhauses rennt ein Patient fast den Klinikchef um. Der fragt erstaunt: „Hoppla, was ist denn mit Ihnen los? Warum flüchten Sie denn aus dem OP-Saal?“ Der Patient: „Die Schwester hat gesagt: Regen Sie sich nicht so auf, das ist doch nur eine einfache Blinddarmoperation. Sie werden das schon schaffen!“ Erwidert der Klinikchef: „Na und? Was ist daran so schlimm?“ Patient: „Ganz einfach: Sie hat es nicht zu mir gesagt, sondern zum Chirurgen ...“

Was war noch gleich unser dritter „Briefkasten“ im Kino? Richtig. Die kuschligen, samtroten Logensessel. Auf denen sitzt das ganze Operations-Team des Krankenhauses in voller Montur mit Mundschutz, OP-Kittel, Gummihandschuhen. Plötzlich springt jemand vom Boden auf. Der Patient. Er flüchtet aus dem Kino und rennt dabei fast den Klinikchef um.

Unsere Schlüsselwörter bis hierhin lauten also:

KLAMOTTEN RUNTER – FAHRRAD HER,
DUNKLER BEICHTSTUHL
ÄRZTE-TEAM BEI DER BLINDDARM-OP.

#14

Weiter geht's mit einer Anekdote, die zwar als Witz daherkommt, aus der wir aber auch etwas lernen können. Ich sage nur so viel: Fragen kostet nichts!

Auf geht's mit Nummer 14.

Im Wald herrscht große Aufregung, denn es geht das Gerücht um, dass der Bär eine Todesliste aufgestellt hat. Alle fragen sich besorgt, wer denn wohl da draufsteht. Als Erster nimmt der Hirsch seinen ganzen Mut zusammen. Er sucht den Bär auf und fragt: „Entschuldige Bär – man sagt, du hättest eine Todesliste ...“ „Ja. Das stimmt,“ brummt der Bär. „Und? Stehe ich da etwa auch drauf?“ Der Bär geht die Liste durch und nickt: „Ja. Du stehst auf meiner Liste.“ Voller Panik dreht sich der Hirsch um, verschwindet im Wald und ward nie wieder gesehen. Die Angst bei den Waldbewohnern steigt von Tag zu Tag – die Gerüchteküche brodelt. Wer steht noch alles auf der ominösen Liste? Da reißt dem Wildschwein der Geduldsfaden. Es rennt zum Bär und fragt verunsichert: „Bär, stehe ich etwa auch auf deiner Liste?“ Der Bär nickt: „Ja, auch du stehst auf meiner Liste.“ Das Schwein macht kehrt und sucht das Weite. Auch das Schwein wurde nie wieder gesehen. Die Angst im Wald wird immer größer und nur noch ein Hase traut sich zum Bär. „Hey Bär, steh ich auch auf deiner Liste?“ Der Bär guckt etwas genervt und sagt: „Ja, auch du bist hier notiert!“ Da sagt der Hase: „Kannst du mich vielleicht streichen?“ Der Bär nickt: „Na klar, gar kein Problem!“

Was ist der nächste Briefkasten in unserem Kino?

Wir sehen die Lautsprecher an der Kinowand. Aus diesen hören wir den Bären brummen – er liest gerade seine Todesliste vor. Somit haben wir über die Loci-Technik das vierte Bild abgespeichert und wir können gleich zu Witz Nummer 15 übergehen.

#15

Statt eines Häschen-Witzes geht es nun weiter mit – na, was darf nicht fehlen? Genau, ein Blondinen-Witz.

Ein Blinder betritt versehentlich eine Lesben-Bar. Er geht zur Theke und bestellt ein Bier. Nach einer Weile fragt er die Barkeeperin: „Wie wär's – willst du einen guten Blondinen-Witz hören?" Schlagartig wird es in der Bar still, bis die Sitznachbarin des Blinden sagt: „Bevor Sie Ihren tollen Witz erzählen, möchte ich Sie sicherheitshalber über die Situation aufklären: 1. die nette Barfrau ist eine Blondine, 2. der Rausschmeißer ist eine Blondine, 3. ich bin blond, 1,85 Meter groß, wiege 120 Kilo und habe einen schwarzen Gürtel in Karate, 4. die Dame neben mir ist blond und professionelle Gewichtheberin, 5. die Frau zu ihrer Rechten ist ebenfalls blond und unsere Stadtmeisterin im Boxen. Wollen Sie Ihren Blondinen-Witz wirklich erzählen?" Der Blinde überlegt kurz, schüttelt dann den Kopf und antwortet: „Nein, nicht wenn ich ihn nachher fünf Mal erklären muss."

Wie das Drama in der Bar ausging, ist nicht überliefert, aber für uns ist klar, was nun zu tun ist. Hast du Ablageplatz 15 parat? Richtig. Es ist der Notausgang im Kino. Bitte stell dir doch einmal vor, wie ein Blinder dort von fünf Blondinen herausgeführt wird. Hast du das? Großartig!

#16

Jetzt kommt Witz Nummer 16 – folge mir dazu in die Sahara.

Ein Mönch und eine Nonne reiten auf einem Kamel durch die Wüste. Plötzlich bricht das Tier tot zusammen. Ihrer misslichen Lage bewusst sagt die Nonne: „Die Hitze wird uns umbringen. Bevor wir beide in den Himmel fahren, habe ich noch einen letzten Wunsch: Ich habe noch nie einen nackten Mann gesehen." Der Mönch sagt darauf: „Schwester, mir geht es ganz ähnlich. Ich habe noch nie eine nackte Frau gesehen." Etwas verschämt ziehen sich beide aus und schließlich sagt die Nonne: „Um Gottes willen – was hast du denn da zwischen den Beinen?" „Das hat uns der Herrgott gegeben. Es ist eine Art Zauberstab – wenn ich ihn irgendwo hineinstecke, entsteht neues Leben." Die Nonne strahlt und ruft: „Wunderbar. Dann steck ihn doch sofort mal in das Kamel und lass uns endlich weiterreiten!"

Wir malen uns die Szene jetzt nicht näher aus, sondern konzentrieren uns gleich wieder auf unsere bewährte Merktechnik. Auf unserem imaginären Gang durch's Kino kommt als nächster mentaler Briefkasten der Vorhang. Diesen reiße ich herunter und bedecke damit das tote Kamel sowie den nackten Mönch und die nackte Nonne.

Wie schon erwähnt, verankern sich skurrile „Kamelbrücken" besonders leicht in unserem Gedächtnis.

#17

Bei den nun noch folgenden vier Witzen fordere ich dich herzlich dazu auf, dein Bild inklusive Verknüpfung im Kopf wieder selbst zu entwerfen. Schließlich sollst du das Gelernte ja selbständig und immer wieder zur Anwendung bringen. Ich bleibe vorerst in meiner sexuell aufgeladenen Witze-Schublade und führe dich jetzt in ein typisches Londoner Taxi und zu Witz Nummer 17.

Ein Ehepaar aus Bayern macht eine Städtereise nach London und nimmt sich am Flughafen ein Taxi zum Hotel. Die Fahrt dauert etwas länger und irgendwann fragt der Taxifahrer: „Where do you come from?" Der Mann antwortet: „We are from Bavaria." Seine Frau, die kein Wort Englisch kann, fragt: „Was hat er gesagt?" „Er hat gefragt, wo wir herkommen und ich habe ihm gesagt, dass wir aus Bayern sind." Der Fahrer möchte es gerne etwas genauer wissen: „And where exactly do you live in Bavaria?" Er: „We live in Munich." Sie wieder: „Was hat er gesagt?" „Er hat gefragt, wo genau wir in Bayern leben und ich sagte ihm, in München." Da sagt der Fahrer laut: „Oh my god – in Munich! I had the worst fuck of my life in Munich!" Sie: „Was hat er denn jetzt noch gesagt?" Er: „Ich glaube, er kennt dich!"

Ok – mit Witz Nummer 17 soll es mit den sexuell angehauchten Scherzen auch mal gut sein. Du sollst nun den Witz selbstständig mit der Leinwand verbinden. Ich werde dir jetzt nicht mehr helfen und auch nicht verraten, dass ich auf der Leinwand den berühmten Film „Taxi Driver" sehe. Auch, dass der Taxifahrer zwei bayrische Touristen hinten drin hat, werde ich dir nicht vorgeben.

Dir kommt bestimmt eine
ganz andere Verbindung
in den Sinn! Mal dir dein
Bild, so wie es dir gefällt.
Die Hauptsache ist, dass
du nachher sämtliche
Schlüsselwörter präsent hast.

#18

Rasch geht es weiter mit unserer Anekdote Nummer 18:

Drei ältere Herren unterhalten sich am Stammtisch über ihre Söhne und was diese in ihrem Leben so geleistet haben. Der erste sagt: „Mein Sohn hat Tankwart gelernt und betreibt heute 15 Tankstellen." Darauf sagt der zweite: „Mein Sohn hat Drogist gelernt und ist jetzt Chef von 20 Drogerien." Der dritte will nicht richtig raus mit der Sprache: „Naja, ich traue mich gar nicht, darüber zu reden ..." „Ach komm schon", sagen die anderen. „So schlimm wird es doch nicht sein ..." „Also gut: Mein Sohn ist schwul!" Da sagen die anderen: „Ok – das ist ja nicht schlimm, aber womit verdient er denn sein Geld?" Da antwortet der dritte: „Um ehrlich zu sein: Er hat zwei enge Freunde – der eine hat 15 Tankstellen und der andere 20 Drogerien ..."

Der mentale Briefkasten für Witz Nummer 18 ist der Eisverkäufer. Die dazugehörige emotionale Brücke baust du dir nun bitte selbst. Ich z. B. würde einen schwulen Eisverkäufer – der gekleidet ist wie ein Tankwart aus den 60ern – sehen, der ganz extrovertiert und affektiert das Eis in die Zuschauermenge wirft. Dies sei aber nur nebenbei erwähnt. Du machst dir ja ein eigenes, passendes Bild dazu.

Wenn du das soweit hingekriegt hast, gönnen wir uns gemeinsam nochmals eine Wiederholung aller bisherigen Stichwörter. Die Methode der Loci-Technik ist zwar äußerst effektiv, doch um das Thema der Wiederholung kommen wir trotzdem nicht herum. Gestatte mir in diesem Kontext noch rasch einen Hinweis zur Funktionsweise unserer grauen Zellen: Gehirnforscher haben nicht nur herausgefunden, dass wir uns emotional aufgeladene Geschichten in unserem sogenannten episodischen Gedächtnis erheblich leichter merken können als trockene Fakten. Es ist ebenso erwiesen, dass interessante, lustige oder irgendwie emotionale Themen besser vom Kurz- ins Langzeitgedächtnis übergehen.

Wiederhole in diesem Sinne bitte jetzt alle Ablageplätze zusammen mit den Schlüsselwörtern. **Was war noch auf Platz 11? Auf 12? Und auf 13?** Wenn du bis zum schwulen, affektierten Eisverkäufer – der aussieht wie ein Tankwart – alles durch hast, sind wir schon fast am Ende der erstmaligen Belegung der Kinoliste angekommen.

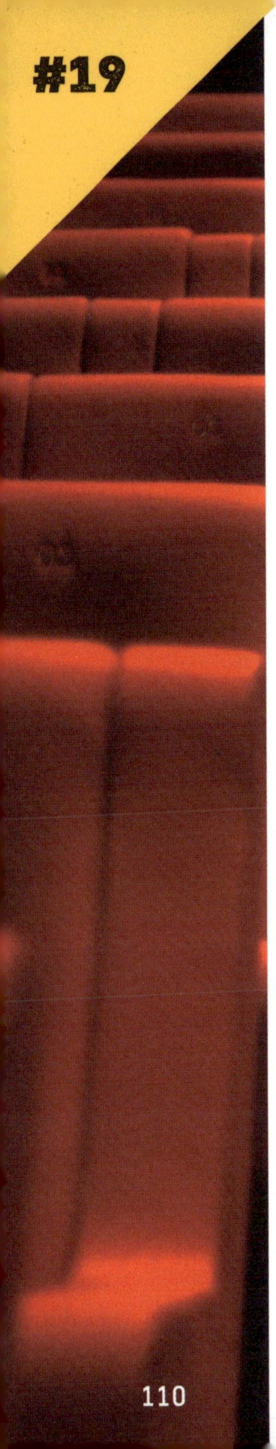

#19

Bei Witz Nummer 19 fasse ich mich mal etwas kürzer – ausmalen kann man sich die Situation dafür aber umso besser. Es handelt sich um einen Witz von meinem Sohn, den er kürzlich aus der Schule mitgebracht hat.

Zwei Leberwürste sitzen auf einem Ast. Wirft die eine die andere runter. Welche war's?
Die Grobe!

Wenn mein Sohn diesen Witz hört, dann liegt er unter dem Tisch und wenn er ihn erzählt wahrscheinlich auch, zumindest war das so die ersten 86 Mal. Bitte kombiniere nun den Treppenaufgang mit der Leberwurst. Klar ist ja, dass du dir aus jedem Witz das entscheidende Wort merken sollst. Es ist der Schlüssel zu deiner Erzählung – wobei du die Raumliste selbstverständlich auch mit beliebig vielen anderen „merkwürdigen" Fakten, wie z. B. einer Einkaufsliste, belegen kannst.

Ich stelle mir übrigens vor, dass ich auf dem Treppenaufgang in eine fette Leberwurst trete. Ich rutsche aus und – was ist denn das – da liegt ja noch eine Grobe auf dem Boden. Ups! Schon wieder laut gedacht bzw. leise geschrieben.

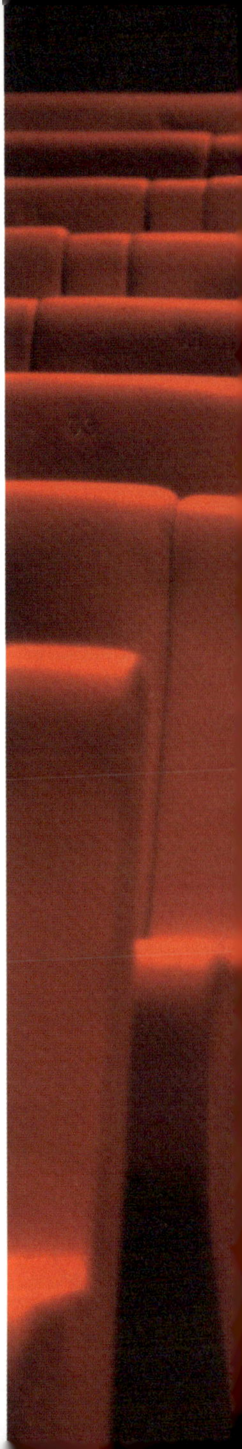

#20

Nachdem der Lieblingswitz von meinem Sohn nun untergebracht ist, leite ich zum letzten Witz dieses Kapitels über. Witz Nummer 20 ist einer meiner persönlichen Lieblinge und ich vermute, er wäre auch ganz nach dem Geschmack von Hollywoods Kult-Regisseur Quentin Tarantino (u. a. „From Dusk Till Dawn", „Pulp Fiction", „Kill Bill").

Drei Vampire stehen nachts auf einem Berggipfel und langweilen sich. Einer kommt aus Österreich, einer aus der Schweiz und der dritte stammt aus Bayern. Alle halten sich für einen Super-Vampir und so beginnen sie einen Wettstreit. Sieger soll sein, wer in kürzester Zeit das meiste Blut saugen kann! Der Schweizer legt vor und kehrt nach einer Stunde zurück. Er ist voller Blut und die beiden anderen sind sichtlich beeindruckt: „Wow – wo hast du denn das ganze Blut her?" Er antwortet stolz: „Seht ihr den Campingplatz da unten?" – „Ja, ja, ja", antworten die anderen. „Da bin ich rein gerauscht und habe jeden ausgesaugt, der mir in die Quere kam." Als nächstes ist der Österreicher dran. Er stürzt sich in die Tiefe und taucht schon nach rund 50 Minuten wieder auf. Voller Blut! „Unglaublich! Du warst kürzer weg als ich und hast trotzdem so viel Blut. Wie ist das denn möglich?" „Tja", sagt der Österreicher. „Seht ihr das Dorf da unten?" – „Ja, ja, ja!" – „Da war ein großes Starkbier-Fest und ich habe alle Menschen ausgesaugt. Da lebt keiner mehr." Der bayrische Vampir ist hochmotiviert. Er will unbedingt gewinnen, saust ins Tal und ist nach nur fünf Minuten wieder da. Total voller Blut! Die beiden anderen sind fassungslos. „Mensch – das ist ja der Wahnsinn. Wo hast du denn das ganze Blut her, in so kurzer Zeit?" Da sagt der Bayer: „Seht ihr den Strommast da unten, da hinten neben der großen Eiche?" „Ja, ja, ja!", antworten seine Kumpels. „Na super", sagt der Bayer. „Ich hab ihn leider NICHT gesehen ..."

Als letzten Ablageort haben wir noch den Lautstärkeregler im Kinosaal. Verknüpfe diesen mit den drei Vampiren. Vielleicht stellst du dir vor, wie immer mehr Blut aus der Wand schießt, je stärker man den Regler aufdreht. Und schau mal genau hin: Da hängen die drei Vampire und unterhalten sich munter. Das ist wahrscheinlich noch bevor der Bayer gegen den Strommast knallt …

VOLUME
6
7
8

Du kennst den alten Spruch „Übung macht den Witzeerzähler", oder? Dann ahnst du vielleicht schon, was jetzt kommt? Genau. Ich bin sehr gespannt, wie viele Witze du schon drauf hast. Falls du jemanden kennst, der dieses Buch ebenfalls liest, dann fragt euch gegenseitig ab. Ansonsten schreib einfach (möglichst mit Bleistift) hinter unsere mentalen Briefkästen die entscheidenden Schlüsselwörter.

UND LOS GEHT'S:

- Ticketabreißer
- Projektor
- Logensessel
- Lautsprecher
- Notausgang
- Vorhang
- Leinwand
- Eisverkäufer
- Treppenaufgang
- Lautstärkeregler

Na? Wie viele hast du? Konntest du acht oder neun Mal richtig ergänzen? Bravo – das ist schon ein sehr guter Wert. Du hast sogar alle zehn Paare präsent? Hut ab! Du bist offenbar prädestiniert für die Loci-Technik. Bleib jetzt unbedingt am Ball …

Da ich schon gerade dabei bin, dich wie ein Lehrer abzufragen – wie sieht es denn mit der Körperliste aus?

DREI, ZWEI, EINS –
UND LOS GEHT'S:

- Was hast du dir nochmal über die Zehen gezogen?
- Was läuft aus deinen offenen Knien heraus?
- Und wer oder was sitzt auf deinen Oberschenkeln?
- Was ist mit deinem Po passiert?
- Und wer oder was liegt auf deinem Bauch?
- Was passierte noch gleich auf deiner Brust?
- Wer sitzt da nochmal geschwätzig auf deiner Schulter?

Welches Bild hast du dir zu Witz Nummer 8 und deinem Hals gemerkt? Wie hast du Nummer 9 mit deinem Gesicht verknüpft? Und was hast du auf der Schädeldecke bzw. in den Haaren abgelegt?

Du erinnerst dich – zu den drei letzten Witzen der Körperliste hast du dir dein eigenes individuelles Bild skizziert. Du wirst wahrscheinlich gemerkt haben, dass es dir besonders leicht fällt, diese Szenen abzurufen. Warum? Ganz einfach – die selbst generierten Bilder wirken am stärksten und prägen sich am besten ein.

Nach all den Jahren, in denen ich mich mittlerweile als Speaker mit dem Thema der Leistungsfähigkeit unseres Gehirns befasse, bin ich an dieser Stelle meines Vortrags immer wieder total begeistert. Nicht etwa, weil mein Vortrag so witzig ist, sondern weil es mich schlicht fasziniert, wie schnell Neueinsteiger lernen. Das unmittelbare Erfolgserlebnis fühlt sich unheimlich gut an – nicht nur für dich, auch für mich.

Im Übrigen ist noch ein anderer Effekt spürbar und wünschenswert: Je öfter du mit den Verknüpfungen von Ort und Schlüsselwort arbeitest, umso leichter fällt die Kreation der Bilder. Anfangs ist es Neuland und mancher zweifelt gleich am Sinn der gesamten Vorgehensweise. Binnen kürzester Zeit werden derartige Zweifel aber geradezu pulverisiert. Du wirst immer schneller Bilder generieren und dich am Ende sogar wundern, zu welch erstaunlichen Leistungen dein Gehirn fähig ist. Und das gilt für praktisch jede Altersklasse – vom Kind bis zum Rentner.

4 GANZ SCHÖN FLEXIBEL

Ein unkompliziertes Prinzip – unendliche Möglichkeiten

Körperliste, Raumliste, Cicero und Loci-Technik – das alles klingt spannend und ist in sich total schlüssig. Oder findest du es etwa nicht absolut sensationell, dass du dir in kürzester Zeit fast 20 Witze einprägen kannst? Allerdings habe ich dieses Buch ja nicht nur geschrieben, weil es mir, dir und anderen Spaß bereiten soll. Es geht um viel mehr, als um ein paar gute Pointen. Letztlich sollst du so weit kommen, dass dir die Belegung mentaler Briefkästen in den unterschiedlichsten Lebenslagen ganz leicht von der Hand geht.

In diesem Kapitel verdeutliche ich dir an einigen Beispielen, wie unglaublich flexibel wir das im Grunde unkomplizierte Prinzip immer wieder nutzen können. Sehr bekannt ist mittlerweile die Einkaufsliste, die sich problemlos auf unserem Körper „notieren" lässt.

Radieschen, rechtsdrehender Joghurt, Bananen, Klopapier, Gummibärchen und biologische Enthaarungscreme – all das kann schnell in merkwürdige Mini-Anekdoten gekleidet werden. Ich reiße die Kombination aus Körperteil und Supermarkt-Allerlei daher nur kurz an.

Zur Erinnerung: Wir hatten die Körperliste systematisch von unten nach oben aufgebaut. Wir kombinieren entsprechend unsere Zehen mit Radieschen, unsere Knie mit rechtsdrehendem Joghurt, die Oberschenkel mit Bananen, auf Platz 4, unseren Allerwertesten, packen wir das Klopapier und auf den Bauch kommen die Gummibärchen. Muss ich dir die Bilder dazu noch imaginär aufmalen? Wahrscheinlich bist du schon so weit, dass ich an dieser Stelle nichts mehr einflüstern muss. Andererseits: Zur Vertiefung unserer Lernmethode sind einige skurrile Bilder sicher hilfreich.

Also: In die Zwischenräume deiner Zehen steckst du dir jeweils ein rotes Radieschen. Dann rutschst du wie ein Fußball-Torschütze jubelnd über den Rasen – damit es nicht weh tut, hast du dir die Knie vorher dick mit rechtsdrehenden Joghurt eingeschmiert. Zwischen deinen Oberschenkeln zerquetscht du eine dicke, fette Banane – iiihhh, wie das klebt! Oder vielleicht baumelt da zwischen den Beinen eine kleine Banane. Zwischen deinen Pobacken flattert jedenfalls eine weiße Fahne aus Klopapier hin und her und auf deinem Bauch findet eine Gummibärchen-Demonstration statt. „Freiheit für alle Bärchen, weg mit den Plastiktüten!" skandieren die Gummibärchen. Kannst du sie hören? Und auf der Brust drückst du eine ganze Tube biologische Enthaarungscreme aus, damit der Wildwuchs dort endlich ein Ende hat.

Das sind jetzt nur sechs Produkte, aber ich denke, dass du auch zehn oder mehr Einkäufe mit der bewährten Methode in den Griff kriegst. Versuch es einfach. Belege auch Schulter, Hals, Gesicht sowie deinen Kopf bzw. die Haare. Stopp! Jetzt nicht einfach weiterlesen. Mach es mal. Halte zwei, drei Minuten inne und platziere z. B. eine Flasche Sekt, eine Melone, gefühlsechte Kondome und einen Nasenhaarschneider.

Ganz ehrlich: Du schaffst das und bei dieser Einkaufsliste läuft einem doch glatt das Wasser im Munde zusammen. Falls du die Zehnerliste mühelos meisterst – köpfe später doch einfach die Flasche Sekt aus unserer Fantasie-Zusammenstellung …

Dein Auto – einer der besten Briefkästen der Welt

Doch lass uns jetzt rasch zum Kernthema dieses Kapitels zurückkehren. Ich möchte dir ja demonstrieren, wie wunderbar flexibel die Loci-Technik funktioniert. Die berühmten mentalen Briefkästen lassen sich nicht nur immer wieder auf's Neue belegen – vielmehr kann man auch überall Briefkästen „installieren". Die Hauptsache ist, dass du den Raum vor Augen hast. Nehmen wir also zum Beispiel dein Auto. Oder irgendein typisches Auto. Wir gehen von vorne nach hinten, also wieder in einer festen Reihenfolge, vor.

Unsere Autoliste sieht folgendermaßen aus:

Wir haben also erneut zehn Ablageplätze vor Augen. Rein theoretisch könnte man das Auto auch mit 15 oder sogar 20 Plätzen belegen – Möglichkeiten bieten sich ja genug. Aber belassen wir es mal bei den zehn genannten Optionen. Bitte schließe nun mal kurz die Augen und stell dir ein schönes Auto (gerne dein eigenes) vor. Na? Kriegst du die Autoliste zusammen? Eigentlich sollte dir das nicht allzu schwerfallen.

Mit diesen zehn neuen Plätzen können wir nun ganz nach Belieben arbeiten. Was willst du dir merken? Bei welcher Gelegenheit willst du glänzen – ohne Spickzettel in der Hand? Egal, ob du beruflich oder privat im Blickpunkt stehst, für einen frei gehaltenen Vortrag gibt es oft Applaus und falls er ausbleibt, denken sich die Zuhörer dennoch garantiert ihren Teil: „Respekt! So souverän würde ich auch gerne vor einer großen Gruppe auftreten."

An dieser Stelle möchte ich die Autoliste gerne für eine Geburtstagsrede nutzen. Bitte stell dir doch mal vor, dass dein Vater eine nette Gesellschaft eingeladen hat. Er wird 75 Jahre alt und er erwartet, dass jemand in einer unterhaltsamen Rede einen Rückblick auf sein Leben wirft. In so einer Situation kann man theoretisch mit einem ausgedruckten Text in der Hand vom Tisch aufstehen und den vorbereiteten Text vom Blatt ablesen. Das kann man machen, aber wirklich brillant wirkt der Auftritt nur ohne Notizen oder gar fertig vorformulierten Sätzen.

Für mich wäre der Notizzettel berufsbedingt ohnehin keine Option. Von einem Gedächtnistrainer erwartet man, dass er Reden frei hält und so hatte ich mir einmal eine Laudatio auf meinen Papa eingeprägt. Die komplette Familie und rund 150 Gäste waren anwesend – alle waren gespannt, was ich zu erzählen hatte und wie der Speaker seine Rede präsentiert. Bist du bereit für ein paar Eckpunkte aus der Vita meines Vaters? Ok – los geht's!

Stoßstange

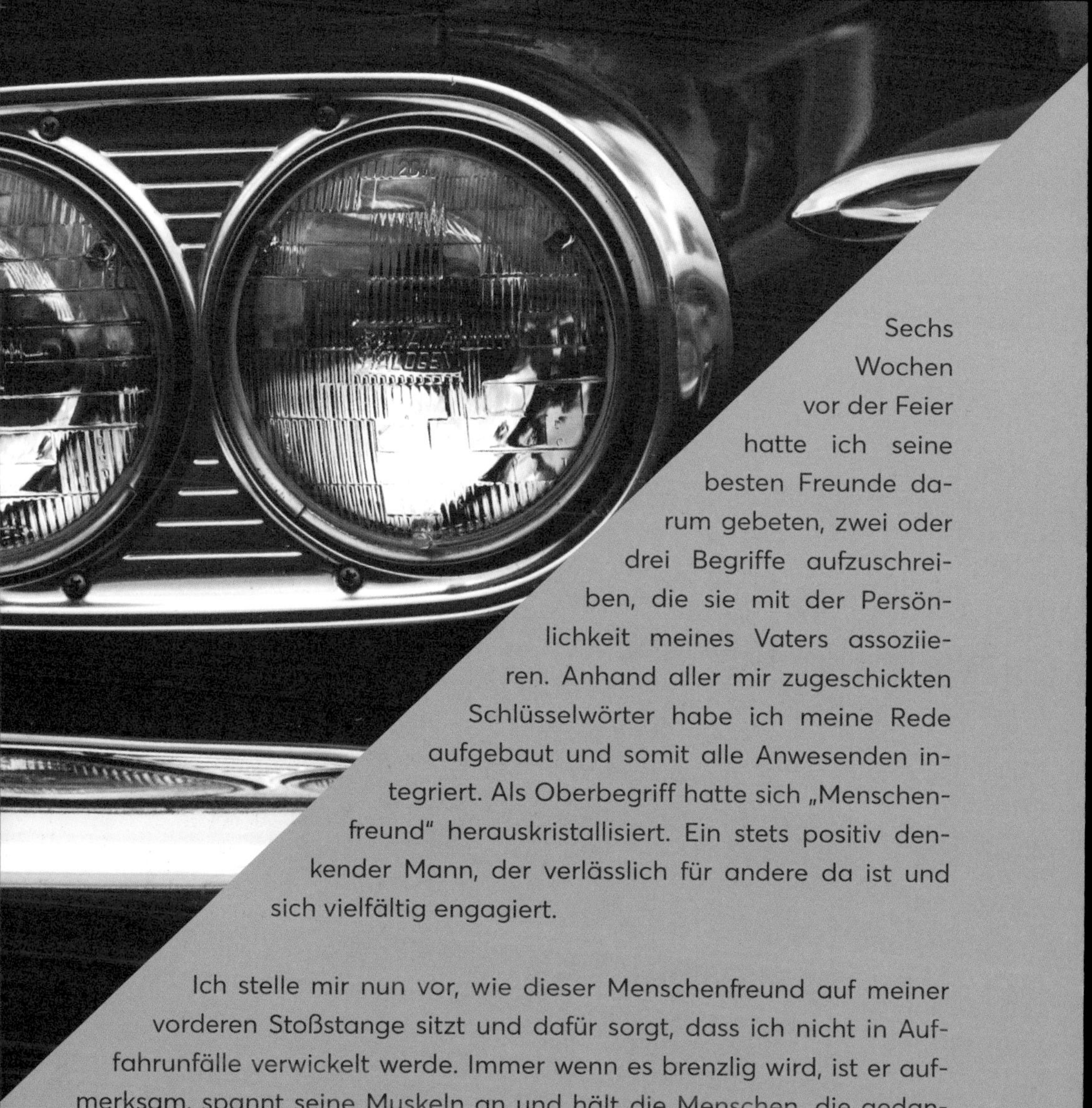

Sechs Wochen vor der Feier hatte ich seine besten Freunde darum gebeten, zwei oder drei Begriffe aufzuschreiben, die sie mit der Persönlichkeit meines Vaters assoziieren. Anhand aller mir zugeschickten Schlüsselwörter habe ich meine Rede aufgebaut und somit alle Anwesenden integriert. Als Oberbegriff hatte sich „Menschenfreund" herauskristallisiert. Ein stets positiv denkender Mann, der verlässlich für andere da ist und sich vielfältig engagiert.

Ich stelle mir nun vor, wie dieser Menschenfreund auf meiner vorderen Stoßstange sitzt und dafür sorgt, dass ich nicht in Auffahrunfälle verwickelt werde. Immer wenn es brenzlig wird, ist er aufmerksam, spannt seine Muskeln an und hält die Menschen, die gedankenversunken die Straße überqueren wollen, auf Distanz. Kennst du Hulk? Diesen grünen, muskelbepackten Superhelden aus dem Kino? Ja, ja – da vorne auf meiner Stoßstange sitzt Hulk, der im wahren Leben Bernd heißt und als Menschenfreund dafür sorgt, dass ich und andere unfallfrei durch's Leben kommen. Ein schönes Bild, oder?

Weiter im Text: Jeder auf der Feier wusste, dass mein Vater einer der größten FC-Bayern-Fans ist, die es überhaupt gibt, seit die Erdkruste abgekühlt ist. Deswegen ist er auch Präsident des größten Bayern-Fanclubs der Welt. Rund 6.000 Mitglieder sind den Roten treu ergeben und mein Vater ist ihr Oberindianer. Ich stelle mir also vor, dass auf meiner Motorhaube 6.000 Fans ihre Bayern-Fahnen schwenken. Vor lauter Fahnen kann ich gar nichts mehr sehen – zum Glück sitzt Hulk auf meiner Stoßstange. Auf der Motorhaube geht es also um den FC Bayern und den Fanclub.

aube

Scheiben-wischer

Damit sind wir schon beim dritten Auto-Briefkasten – also den Scheibenwischern. Da das Engagement rund um die Bayern wirklich eine große Sache ist, will ich noch etwas mehr in die Tiefe gehen. Wenn mein Papa Fußball-Kultur-Reisen durch ganz Europa organisiert, dann müssen alle im wahrsten Sinne des Wortes „nach seiner Pfeife tanzen". Fakt ist: Er kann so laut auf den Fingern pfeifen, dass jeder sofort weiß: „Ok, jetzt muss ich aufpassen. Bernd macht eine wichtige Ansage!".

Ich male mir nun aus, wie mein Vater statt seiner zwei Finger die beiden Scheibenwischer in den Mund steckt, um zu pfeifen. Sein Scheibenwischer-Pfiff bedeutet – alles hört auf mein Kommando. Das funktionierte schon immer, und ich möchte diesen Pfiff deshalb unbedingt in meiner Rede erwähnen.

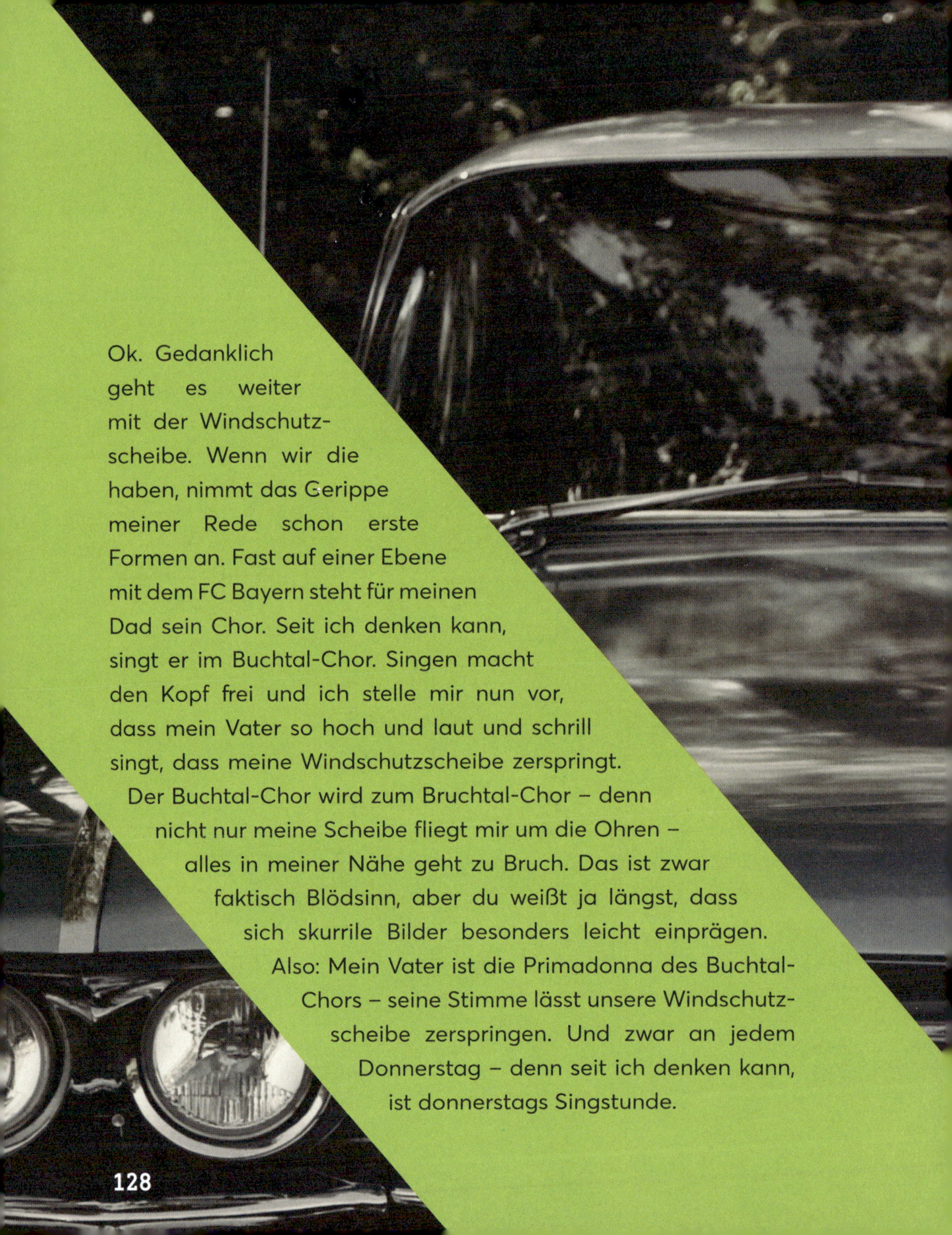

Ok. Gedanklich geht es weiter mit der Windschutzscheibe. Wenn wir die haben, nimmt das Gerippe meiner Rede schon erste Formen an. Fast auf einer Ebene mit dem FC Bayern steht für meinen Dad sein Chor. Seit ich denken kann, singt er im Buchtal-Chor. Singen macht den Kopf frei und ich stelle mir nun vor, dass mein Vater so hoch und laut und schrill singt, dass meine Windschutzscheibe zerspringt. Der Buchtal-Chor wird zum Bruchtal-Chor – denn nicht nur meine Scheibe fliegt mir um die Ohren – alles in meiner Nähe geht zu Bruch. Das ist zwar faktisch Blödsinn, aber du weißt ja längst, dass sich skurrile Bilder besonders leicht einprägen. Also: Mein Vater ist die Primadonna des Buchtal-Chors – seine Stimme lässt unsere Windschutzscheibe zerspringen. Und zwar an jedem Donnerstag – denn seit ich denken kann, ist donnerstags Singstunde.

Wind-schutz-scheibe

Lenk-rad

Soweit, so gut. Die nächste Leidenschaft meines Vaters ist das Schafkopfen. Kaum zu glauben, aber wahr: Er hat über 25 Jahre das größte Preis-Schafkopf-Turnier unter der Sonne organisiert, kann aber selbst gar nicht spielen. Die Kartenspieler spielten für einen guten Zweck. Der Erlös kam ausschließlich gemeinnützigen Organisationen zugute. Am Samstag vor dem Palmsonntag pilgerten jeweils rund 1.200 Kartenspieler nach Nabburg in die Oberpfalz. Sie zockten dann munter um die Preise, die mein Vater zuvor bei rund 300 Firmen persönlich eingeholt hatte.

Es war jedes Jahr ein Wahnsinn und ich kann mir jetzt die drei entscheidenden Zahlen mit Hilfe des Lenkrads gut merken. Ich stelle mir nämlich vor, dass mir bei Tempo 300 plötzlich 1.200 Schafkopfkarten aus dem Lenkrad um die Ohren fliegen. Ich bremse auf 25 ab – dann ist der Spuk zum Glück vorbei. Übersetzt bedeutet das: 300 Firmen geben Preise für 1.200 Spieler und das seit sage und schreibe 25 Jahren.

Das klingt für dich absurd? Du denkst gerade: „So ein Schmarrn. Das sind doch mindestens drei Informationen auf einmal!" Wunderbar. Genau auf dieser Schiene prägst du dir das Bild optimal ein. Merk dir einfach die 1.200 Schafkopfkarten, die aus dem Lenkrad flattern. Der Rest (das Abbremsen auf Tempo 25) gesellt sich quasi automatisch dazu.

Hupe

Freilich muss nicht jedes Bild so komplex sein. Es geht auch auf die simple Nummer. Die Hupe ist unser nächster Ablageplatz. Was ich hier ablegen will: Ich möchte erzählen, dass mein Vater beim Laternenumzug an St. Martin jahrelang mitgespielt hat. Na, was hat er wohl gespielt? Nein, keine Laterne, und auf ein Pferd kriegt man ihn auch nicht rauf. Er war der Bettler.

Ich stelle mir dazu vor, wie ich auf die Hupe nicht nur drücke sondern haue, weil mir ein Martinszug den Weg versperrt. Doch damit nicht genug: Ich schaue genauer hin und stelle fest, dass ich den Hupknopf durch meinen Schlag in zwei Teile geteilt habe, genauso wie der heilige Martin seinen Mantel mit dem Schwert geteilt hat. Zwei Teile der Hupe = Martinsumzug.

altung

Falls du nun glaubst, dass mein Vater ein Typ ist, der für jeden Spaß zu haben ist, dann liegst du damit absolut richtig. Denn es geht noch weiter. Mein alter Herr geht nämlich immer noch ab und zu in die Disko. Er hat irgendwann ein VIP-Ticket mit lebenslanger Gültigkeit für das ‚Pearls' geschenkt bekommen. Damals hat sicher niemand damit gerechnet, dass er auch mit 70 noch die Tanzfläche rockt.

Wie dem auch sei: Wir müssen nun die Gangschaltung mit der Disko kombinieren. Hast du eine Idee? Ich male mir aus, dass mein Dad einem allzu wilden Tänzer auf die Schulter tippt und ihm ins Ohr brüllt: „Junge, schalte mal einen Gang runter!" Da er Polizist war, ist das Bild für mich besonders stimmig.

Gangsch

Rückba

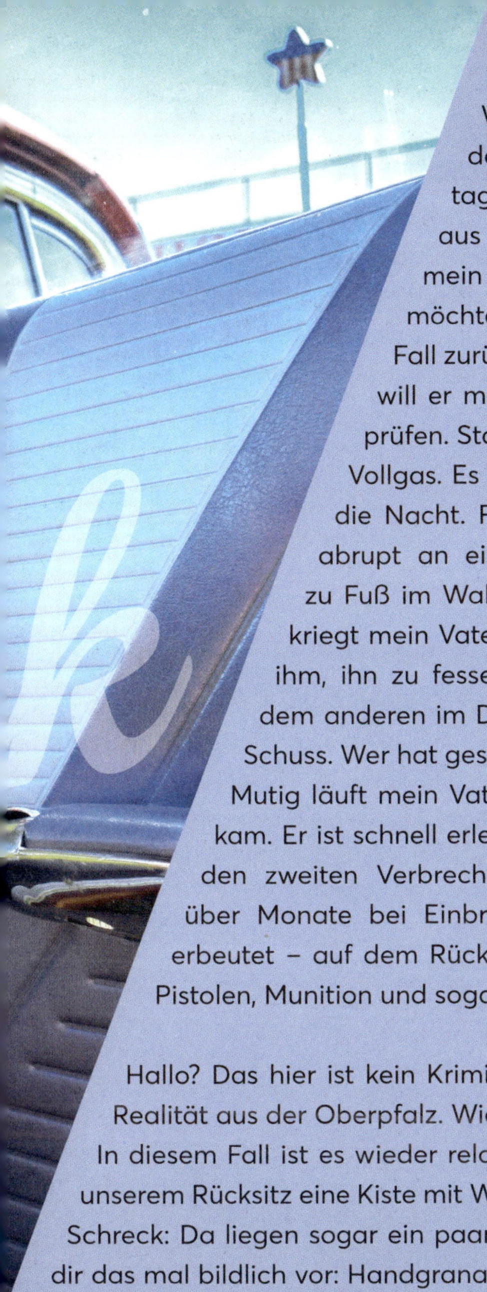

Weiter geht es mit der Rückbank oder dem Rücksitz. In jede vernünftige Geburtstagsrede gehört wohl auch eine Anekdote aus dem Berufsleben des Jubilars. Da mein Vater wie gerade erwähnt Polizist war, möchte ich gerne auf seinen spektakulärsten Fall zurückblicken. Bei einer nächtlichen Streife will er mit seinem Kollegen ein Fahrzeug überprüfen. Statt anzuhalten, gibt der Fahrer plötzlich Vollgas. Es folgt eine wilde Verfolgungsjagd durch die Nacht. Für die Flüchtenden endet die Raserei abrupt an einem Baum. Angeschlagen wollen sie zu Fuß im Wald verschwinden, doch einen Halunken kriegt mein Vater noch gerade so zu fassen. Es gelingt ihm, ihn zu fesseln, während sein Kollege Hans hinter dem anderen im Dickicht verschwindet. Plötzlich fällt ein Schuss. Wer hat geschossen? Sein Kollege? Der Flüchtende? Mutig läuft mein Vater in die Richtung, aus der der Schuss kam. Er ist schnell erleichtert: Zum Glück konnte sein Kollege den zweiten Verbrecher dingfest machen. Das Duo hatte über Monate bei Einbrüchen Waffen und Wertgegenstände erbeutet – auf dem Rücksitz des Fluchtwagens lagen Gewehre, Pistolen, Munition und sogar Handgranaten.

Hallo? Das hier ist kein Krimi von Jo Nesbø – das ist ein Schnipsel Realität aus der Oberpfalz. Wie merke ich mir diese spannende Story? In diesem Fall ist es wieder relativ einfach: Ich stelle mir vor, dass auf unserem Rücksitz eine Kiste mit Waffen und Munition steht. Und – ach du Schreck: Da liegen sogar ein paar scharfe Handgranaten rum. Bitte stell dir das mal bildlich vor: Handgranaten auf dem Rücksitz. Da wird einem ja jetzt noch ganz flau im Magen …

Falls der ein oder andere von euch jetzt gerade denken sollte, dass die Kiste mit Waffen und scharfen Handgranaten doch niemals ausreicht, um diese spannende Geschichte packend und detailreich zu erzählen – dem halte ich entgegen: Doch! Das reicht! Immer vorausgesetzt, dass man die Rede anhand der Auto-Ablageplätze ein paarmal durchgegangen ist. Noch besser: Man hat sie zu Trainingszwecken einige Male laut gehalten.

Klar: Das Drumherum erfordert immer gewisse erzählerische Fähigkeiten, aber die wesentlichen Informationen, die Storyline, die hat unser Gehirn im Hippocampus abgespeichert. Das ist wissenschaftlich erwiesen und beim Fritzchen-Witz mit dem Pfarrer auf Abwegen leisten die Bilder vom dunklen Schrank und der Begegnung im Beichtstuhl ja auch die gewünschten Dienste.

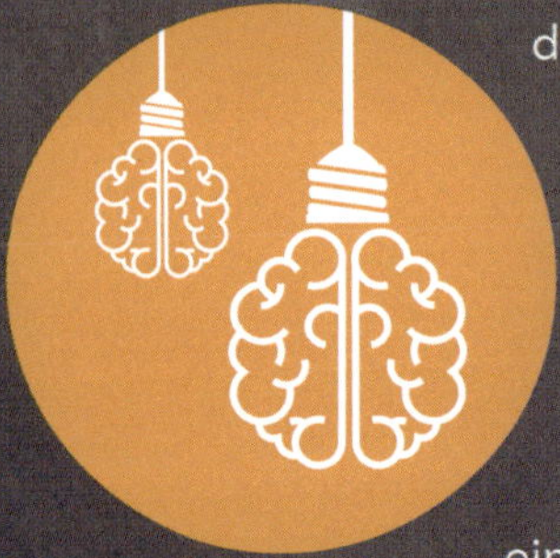

Oder nehmen wir mal ein ganz anderes Beispiel. In der Vorweihnachtszeit klingelt bei uns an der Haustür seit zwei, drei Jahren ein Mitarbeiter des Arbeiter-Samariter-Bundes.

Er bittet um eine Spende oder um eine Mitgliedschaft und zieht weiter. Wenn er nächstes Jahr wieder bei uns klingelt, weiß ich sofort, worum es geht. Er müsste mir gar nicht seinen Ausweis präsentieren – die Erinnerung an unsere Begegnung ist ad hoc wieder präsent. Interessant ist dabei, dass ich mir sein Gesicht gar nicht bewusst gemerkt habe. Das hat mein Gehirn automatisch gemacht. Quasi nebenbei. Wenn das Gesicht dann wieder auftaucht, erinnert sich das Gehirn sofort an weitere Eindrücke.

Dieser Erinnerungs-Mechanismus funktioniert übrigens immer dann besonders gut, wenn das Gesicht im gleichen Ordnungsrahmen erscheint. Hätte ich den Mann im Schwimmbad getroffen, wäre die Grundsituation vollkommen anders und die Verbindung zur Spende würde sich höchstwahrscheinlich nicht einstellen. Aber genug davon – wir waren eigentlich bei der Geburtstagsrede für meinen Vater.

Willst du noch eine persönliche Anekdote aus seinem bewegten Leben hören? Fein! Dann nehme ich mir jetzt noch die Hutablage unserer Autoliste vor. Ich male mir aus, dass die Ablage so elastisch wie ein Trampolin ist. Darauf springen die Enkelkinder meines Vaters herum. Wie in einer Endlosschleife federn sie immer wieder abwechselnd hoch ans Autodach und zurück. Das Trampolin steht sinnbildlich für die Spiele und die lustige Zeit, die Opa so gerne mit seinen beiden Enkeln, Alexander und Victoria, verbringt.

tablage
SEKURIT-1
D89
DOT27
TF

Doch das Ganze wäre nicht ohne seine Ehefrau, meine Mutter, möglich. Sie ist das Rückgrat unserer Familie! Sie unterstützt, motiviert, hat immer ein Ohr für jeden und ist immer da, wenn man sie braucht. Danke Mama!
Also, wie verbinden wir jetzt meine Mama mit dem Kofferraum?
Na ja, Klappe auf, Mama rein, Klappe zu! So einfach geht das. Jetzt kannst du vielleicht noch hören, wie meine Mama dagegen klopft und raus will. Doch damit die Geschichte MERKwürdig ist, lassen wir sie für die nächsten Tage einfach drin.

Koffer-raum

So – das hätten wir. Zehn Eselsbrücken verhelfen uns, über die Verbindung zum Auto, zu einer tollen Rede. Egal, wie klar dir das Prinzip dieser Merktechnik mittlerweile auch sein mag – ganz ohne Wiederholungen wird es nicht gut funktionieren. Wir fassen unsere Auto-Bilder deswegen nochmals im Schnelldurchlauf zusammen.

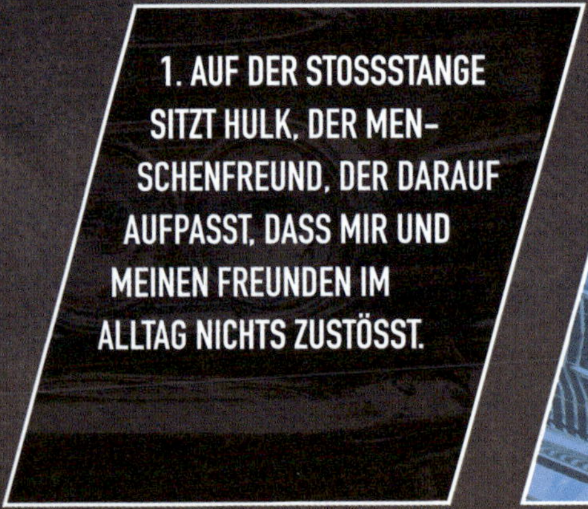

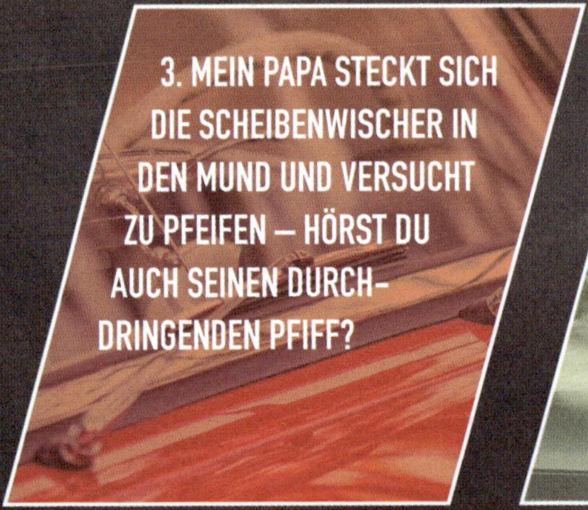

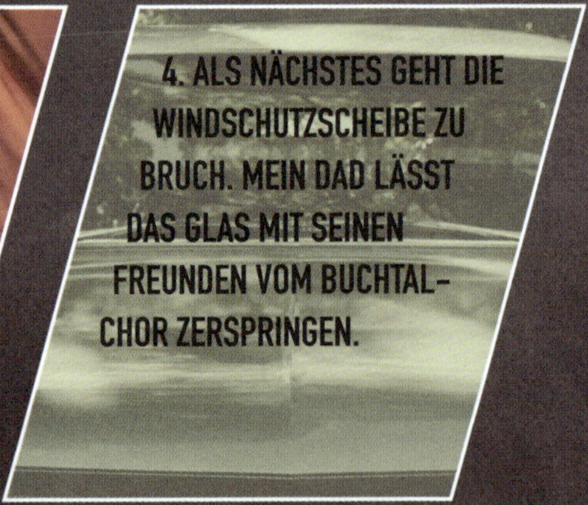

5. AUS DEM LENKRAD FLIEGEN MIR 1.200 SPIELKARTEN UM DIE OHREN. BEI TEMPO 300! ICH TRETE AUF DIE BREMSE. DU WEISST ES NOCH: BIS RUNTER AUF 25 KM/H.

6. DANN ZERTEILE ICH MIT EINEM KRÄFTIGEN SCHLAG MEINE HUPE. DIE BEIDEN TEILE ERINNERN MICH AN DEN GETEILTEN MANTEL DES HEILIGEN MARTIN BZW. DEN MARTINSUMZUG.

7. DER NÄCHSTE BRIEFKASTEN IST UNSERE GANGSCHALTUNG. WIE LIEF DAS NOCH IN DER DISKOTHEK ‚PEARLS'? RICHTIG: „SCHALTE MAL EINEN GANG RUNTER, JUNGE."

8. NÄCHSTER ABLAGEPLATZ IST DIE RÜCKBANK. OH SCHRECK! DA LIEGT DIE KISTE MIT WAFFEN UND MUNITION SOWIE EINIGEN HANDGRANATEN.

9. JETZT SCHAUEN WIR AUF UNSERE HUTABLAGE. DARAUF SPRINGEN DIE ENKELKINDER WIE AUF EINEM TRAMPOLIN AUF UND AB.

10. WER LIEGT DA IM KOFFERRAUM? GENAU, MEINE MAMA. DIE WILL VERZWEIFELT DA RAUS! ;-)

Ok! Falls du die letzten Seiten nicht nur überflogen, sondern die einzelnen Schritte gedanklich aufmerksam nachvollzogen hast, dann könntest eigentlich du auf dem nächsten Geburtstag meines Vaters die Laudatio halten. Sinn und Zweck der Übung war, Appetit zu machen auf eine freie Rede. Gönn dir bei nächster Gelegenheit den Spaß wenn in deiner Familie jemand Geburtstag oder ein Jubiläum feiert. Ich kann dir versichern: Der Applaus, den du nach einem derartigen Auftritt bekommst, geht runter wie Öl.

TATORT SCHULE:

BIST DU BEREIT FÜR DIE GRÖSSTEN FLÜSSE DER ERDE?

Wir verlassen nun die illustre Geburtstags-Gesellschaft und ich möchte mich im Folgenden den jüngsten Lesern zuwenden. Vielleicht hast du Kinder, die noch zur Schule gehen oder du möchtest an der nächsten Quizshow teilnehmen. Damit berühren wir ein Lieblingsthema von mir: „Bildung“. Ich denke wir sind uns einig darüber, dass ein ordentlicher Schulabschluss für das künftige Leben sehr hilfreich ist. Selbstverständlich können unterschiedliche Faktoren den beruflichen Erfolg beeinflussen, außer Frage aber ist, dass gute Noten ein optimales Sprungbrett sind.

Gute Noten kann man kriegen, wenn man – ganz einfach ausgedrückt – richtig lernt. Mit überschaubarem Aufwand speichern smarte Köpfe ab, was der Lehrer mehr oder weniger anschaulich präsentiert. Meist handelt es sich dabei um vielseitig interessierte Schüler – Kinder, die man im Allgemeinen als neugierig bezeichnet. Natürlich gibt es auch noch den klassischen Streber. Der Streber ist nicht nur wissbegierig und diszipliniert, er sonnt sich auch besonders gerne in seinem Erfolg. Jeder kennt diesen Typus und ich muss die Figur nicht weiter ausmalen.

Völlig unabhängig von jedem Schüler-Charakter ist aber ein ganz anderer, entscheidender Faktor beim Lernen: Logo – der Lehrer! Er muss die Lernmotivation mit interessantem Unterricht möglichst hochhalten und – je älter die Schüler werden – meist gegen eine Null-Bock-Mentalität ankämpfen. Dieser Umstand ist äußerst bedauerlich, denn Kinder sind von Natur aus neugierig. Grundsätzlich wollen sie lernen und die Welt entdecken. Wenn ihnen etwas gut gelingt, sind sie stolz auf das Ergebnis. Das gilt übrigens für's Schuhe zubinden und Lesen lernen ebenso, wie für ein tolles Referat oder eine gelungene Runde auf dem Golfplatz. Ein angestrebtes Ziel schrittweise zu erreichen, bedeutet geradezu Befriedigung und dies ist wissenschaftlich belegt.

Demnach ist der Neurotransmitter Dopamin für unsere Leistungsbereitschaft verantwortlich. Wer dazu mehr wissen möchte, sollte den Begriff einmal googeln – in diesem Buch würde eine genauere Betrachtung zu weit führen.

Ein Wort sei aber noch zum gegenteiligen Effekt gestattet. Nämlich zum ausbleibenden Erfolg bzw. zum Frust. Ein grundsätzliches Problem der Leistungsmessung in der Schule ist, dass sie unter Stress stattfindet. Es geht überwiegend darum, was die Schüler nicht können. Es werden Fehler angestrichen, Defizite aufgedeckt und so entsteht letztlich Frust. Der führt schnell dazu, dass junge Menschen auf Durchzug schalten. Der unangenehme Nachbar des Frusts ist übrigens die Angst. Nämlich die Angst, etwas falsch zu machen. Das ist schlecht, denn wer nicht bereit ist Fehler zu machen, der wird nie etwas Originelles oder etwas völlig Neues erschaffen. Versuch macht klug! Kennst du diesen Spruch: Scheitern ist nicht schlimm. Viel schlimmer ist, es erst gar nicht probiert zu haben.

Zugegeben – in der Schule, in der uniforme Lehrpläne von allen das Gleiche verlangen, kann man nicht einfach so ausscheren und neue Wege einschlagen. Aber man sollte sich seine Leidenschaften oder Marotten nicht austreiben lassen, bloß weil sie in der Schule nicht abgefragt werden.

ABER STOPP.

Ich möchte noch etwas über Frusterfahrungen in der Schule loswerden. Beispiel Mathematik: Da in der Welt der Zahlen vieles logisch ineinandergreift, ist die Gefahr, den Anschluss zu verlieren, besonders hoch. Unser Gehirn signalisiert in diesem Fall, dass die gestellte Aufgabe praktisch unlösbar ist. Wenn wir aber keine Aussicht auf Erfolg haben, hat das eine klare Konsequenz: Wir widmen uns dem Thema erst gar nicht. Wir weichen ihm einfach aus. Frei nach dem Motto: Warum soll ich mich anstrengen bzw. auf etwas konzentrieren, wenn dabei am Ende ohnehin keine Belohnung herausspringen wird?

Und damit wären wir zurück beim Thema dieses Buchs. Das Erlernen meiner Merktechniken führt wahnsinnig schnell zu Erfolgserlebnissen. Das ist auch der Grund, warum ich gerne immer wieder an Schulen über die Loci-Technik spreche. Wenn ich in einer Aula oder einem Hörsaal stehe, frage ich gerne provokant, wer denn gerade total große Lust auf einen Vortrag zum Thema Lerntechniken hat. Kaum jemand fühlt sich angesprochen. Wenn ich aber darauf wette, dass sich alle binnen zehn Minuten mit Hilfe der Körperliste z. B. die zehn längsten Flüsse der Welt oder sämtliche Bundespräsidenten merken können, werden die ersten hellhörig. Das sind Fakten und Techniken, die man in der Schule gebrauchen kann. Ich gehe die Flüsse gerne mal exemplarisch mit dir durch. Schließlich geht es in diesem Kapitel ja um die vielfachen Möglichkeiten der Anwendung unserer erlernten Technik.

Die Körperliste ist dir ja bereits bekannt und so können wir gleich mit den Bildern beginnen. 3, 2, 1 und los geht's …

#1

Nil

Die Nummer 1 der Flüsse ist mit einer Länge von 6.650 Kilometern der Nil. Du schaust auf deinen mentalen Briefkasten, sprich auf deine Zehen und siehst, dass sie völlig platt getrampelt sind. Das muss an dem dicken Nilpferd liegen, das heute morgen mit dir unter der Dusche stand. Das Vieh wog locker 6.650 Kilo.

Wie du dir unendlich viele Zahlen merken kannst, dass verrate ich in der „Einfach-Unvergesslich-Box" – meinem Lehrgang für zu Hause. Mehr dazu sowie eine Vertiefung der Techniken bekommst du in meinen regelmäßig stattfindenden LIVE-Webinaren für Anfänger und Fortgeschrittene. Anschließend gibt es immer eine Frage- und Antwortrunde in der du mir deine persönlichen Fragen stellen kannst.

www.unvergesslich.de

#2 Amazonas

Auf Platz 2 folgt der Amazonas. Er schlängelt sich 6.400 Kilometer durch Südamerika und wir befahren ein Stück davon mit einem Kanu von Amazon. Weil du da so gerne einkaufst oder weil du das Einkaufen dort nach Möglichkeit vermeidest, hast du dir das Amazon-Logo auf's Knie tätowieren lassen.

#3 Jangtsekiang

Nur 20 Kilometer kürzer ist der längste Fluss Chinas, der Jangtsekiang. Zugegeben – hier eine stabile Eselsbrücke zu bauen, ist etwas für Fortgeschrittene. Was hältst du davon: Auf meinem Oberschenkel sitzt eine junge Tsetse-Fliege (Jangtse) in einem KIA Auto und fährt auf und ab. ;-)

#4

Mississippi

Viel leichter geht es mit dem Mississippi auf Position 4. Ich stelle mir vor, dass auf meinen Po ein großes Tattoo gestochen wird: Missis Pippi Langstrumpf im Bikini. Der Bikini tut letztlich nicht viel zur Sache. Aber durch die vielen i in unserem Bild wird der Mississippi sicher bei uns einprogrammiert. Schade ist allerdings, dass der Po, der durch Italien fließt, nicht der viert längste Fluss der Erde ist. Ich lege den Po auf dem Po ab – na gut, vergiss es. So einfach ist es diesmal leider nicht.

#5

Jenissei

Nummer 5 der Körperliste ist? Richtig! Unser Bauch bzw. die Taille. Darauf dürfen wir den Jenissei ablegen. Dieser Strom fließt durch Sibirien. Wie war das noch? Skurrile Bilder prägen sich besonders gut ein? Was hältst du hier von? Unterhalb des Männer-Bauchs befinden sich Penis und Ei – ok, in der Regel zwei. Du findest das bescheuert? Ist es vielleicht, aber egal – der Zweck heiligt die Mittel. Von Penis und Ei komme ich easy auf Jenissei.

#6

Ob

Weiter zur Nummer 6 der Flüsse. Wir kombinieren jetzt den Ob, der durch Westsibirien strömt, mit der Brust. Meine Vorstellung: Der OB – also der Oberbürgermeister – starrt meiner Freundin unverfroren ins Dekolleté. Er sagt: „Entschuldigung. Zwischen Ihren Brüsten steckt ein OB-Tampon. Ich zieh den mal da raus!" OB – für OberBürgermeister bzw. OB-Tampon für Ob – da ist der Fluss doch schnell gemerkt.

#7

Amur

Jetzt präsentiere ich euch die Nummer 7. Der Amur fließt überwiegend durch China. Habt ihr von diesem Fluss jemals gehört? Wie dem auch sei – der Amur passt gut zu unserem Ablageplatz. Ich blicke zu meiner rechten Schulter und sehe, wie mich Amors Pfeil in der Schulter trifft. Schmerzverzerrt ziehe ich ihn heraus.

#8

Gelber Fluss

Bei der 8 kriegen wir es mit dem Gelben Fluss zu tun, der in das Gelbe Meer, einem Teil des chinesischen Meeres, mündet. Wie das zu unserem Briefkasten, dem Hals passt? Klar. Ich bin total erkältet und dieser gelbe Schleim, der in meinen Hals festsitzt, nervt ungemein. Vielleicht bist du auch ein starker Raucher und hast so eine künstliche Öffnung im Hals, aus der gelber Schleim herausfließt. Gelber Schleim ist gleich „Gelber Fluss". Mission erfüllt.

#9

Kongo

Es folgt unser Gesicht als Ablageplatz. Ich stelle mir vor, dass ich zu einem Boxkampf gegen King Kong antrete. Gong! Ab in die erste Runde. Gong! Ich bekomme einen rechten Haken von King Kong mitten ins Gesicht auf die Nase – 9. Briefkasten der Körperliste – und gehe k. o. King Kong, Gong, k. o.? Was soll das? Tja – wir müssen uns irgendwie den Kongo einprägen und bei mir funktioniert das. Der Kongo ist ein Strom in Afrika. Mit einer Länge von 4.374 Kilometern ist er der zweitlängste Strom Afrikas.

#10
Lena

Und damit wären wir auch schon bei Nummer 10. Mit 4.692 Kilometern Länge ist hier die Lena aufgelistet. Auch sie liegt in Sibirien. Wie passt der Fluss Lena zu unseren Haaren? Das hier ist eine denkbare Möglichkeit: Ich träume davon, dass mir die Sängerin Lena Meyer-Landrut eine wohltuende Kopfmassage gibt. Falls euch Top-Model Lena Gercke besser gefällt – auch mit ihr vor Augen klappt's natürlich. Einfach herrlich. Lena fährt mir gefühlvoll durch die Haare und ich liebe es.

Na? Wie gefällt dir meine Merktechnik. Ich hoffe, dass du das ein oder andere Bild ganz lustig findest. Jetzt folgt die Wiederholungs-Phase. Ich gehe alles nochmals mit dir durch. Erst langsam, dann schnell und schneller. Es geht hier vor allem um die entscheidenden Wort-Kombinationen. Wenn du mitmachst, verspreche ich dir, dass sich die längsten zehn Flüsse der Erde künftig ganz flüssig durch dein Gehirn winden. Das ist übrigens auch nicht übel, falls du mal bei einer Runde „Stadt, Land, Fluss" glänzen möchtest.

HERE WE GO!

Platte Füße – *Nilpferd unter der Dusche* – **Nil**
Knie – *Tätowierung von Amazon* – **Amazonas**
Oberschenkel – *junge Tsetse Fliege im KIA Auto* – **Jangtsekiang**
Popo – *Tattoo von Missis Pippi Langstrumpf* – **Mississippi**
Bauch – *Penis und Ei* – **Jenissei**
Brust – *OberBürgermeister zieht den OB aus dem Dekolleté* – **Ob**
Schulter – *Amors Pfeil* – **Amur**
Hals – *Schleim* – **Gelber Fluss**
Nase – *Gong, King Kong, KO* – **Kongo**
Haare – *Kopfmassage* – **Lena**

Ganz wichtig: Es reicht nicht, einfach diese Stichworte auswendig zu können. Es kommt auf die kleine aber feine Anekdote an, die sich entlang der Körperliste zu jedem Ablageplatz entfaltet. Du musst grinsen oder denken „Was für ein Quatsch!" Genau dann entstehen die Verknüpfungen im Hirn, die die relevanten Fakten automatisch liefern.

WAS MIT FAKTEN FUNKTIONIERT, KLAPPT ÄHNLICH MIT VOKABELN

Nun interessieren sich sicher viele für die Möglichkeit, Fakten und Informationen parat zu haben, die im Job gefragt sind. Etwa in einem Verkaufsgespräch oder einer Präsentation, vielleicht aber auch in einer Situation, in der es um eine Gehaltserhöhung geht. Ich habe lange überlegt, ob ich hier eine weitere Ausarbeitung hinlege und letztlich habe ich mich dagegen entschieden. Ein Ingenieur braucht andere Begriffe als ein Makler, der Finanzberater sucht andere Stichworte als ein Produktmanager. Wenn ich nun zehn oder zwanzig Stichworte vorgeben würde, wäre dies am Ende für die meisten von euch unnützes Wissen. Entscheidend ist, dass du das Prinzip der Ablageplätze, der Briefkästen an klar definierten Orten, verstanden hast. Ich fordere dich an dieser Stelle dazu auf, deine ganz persönliche Liste zu erstellen. Such dir bitte zehn oder mehr Schlagworte zusammen, schreib sie auf und lern sie durch spezielle, bunte Bilder bzw. Anekdoten. Ich weiß, dass du das mittlerweile drauf hast.

Weil es zwar ähnlich aber doch etwas anders funktioniert, möchte ich die Aufmerksamkeit jetzt auf die Erweiterung deines Vokabelschatzes lenken. Die wenigsten Menschen können schnell, zuverlässig und dauerhaft Vokabeln abspeichern. Sehr gut und weit verbreitet ist das Erlernen neuer Wörter und deren Bedeutung mit Hilfe eines Karteikartensystems. Man kann die Karten immer dann herausholen, wenn es die Zeit gerade erlaubt – und sei es in der U-Bahn. Die regelmäßige Wiederholung ist der Schlüssel zum Glück. Karteikarten mit Vokabeln, die bereits sitzen, können problemlos aussortiert werden – das steigert die Effizienz. Ein weiterer guter – wenngleich zeitaufwendiger – Aspekt, liegt in der Tatsache begründet, dass man die Karten erstmal beschreiben muss. Es ist immer gut, wenn man beim Erlernen von Neuem auf mehreren Kanälen funkt. Bei Vokabeln helfen die Aussprache, das Hören, das Aufschreiben und wie meist, wenn wir etwas zum Schmunzeln haben. Und damit sind wir wieder bei den berühmten Eselsbrücken, die auch jetzt sensationelle Fortschritte garantieren.

Wie meine ich das mit den Eselsbrücken ganz konkret? Ganz einfach: Wir verbinden beim Vokabellernen ein deutsches Wort mit dem Ausdruck in der Fremdsprache. Und zwar eines, das möglichst genauso klingt wie die zu erlernende Vokabel. Relativ schnell ist diese Assoziation hergestellt und mit etwas Routine fällt dir auch gleich die für den Merkprozess entscheidende Anekdote ein. Ach ja – falls dir mal nicht sofort ein passender Begriff in den Sinn kommt, ist das vollkommen ok. Manches Wortpaar drängt sich förmlich auf, bei anderen muss man erst um die Ecke denken, wieder andere lassen sich eben nicht ohne Weiteres mit einem deutschen Wort verbinden. Es klappt nicht immer, aber doch sehr oft.

Wenn ich jetzt fünf Beispiele gebe, wird sofort deutlich, wie diese Technik prinzipiell funktioniert. Wir konzentrieren uns der Einfachheit halber auf englische Vokabeln, wobei ich hoffentlich das ein oder andere Wort herausgesucht habe, das dir nicht ohnehin gleich in den Sinn kommt:

LET'S GO:

#1
TO INSPECT HEISST ‚ETWAS UNTERSUCHEN'

WELCHES DEUTSCHE WORT KOMMT DIR IN DEN SINN, WENN DU TO INSPECT HÖRST? VOR MEINEM GEISTIGEN AUGE ERSCHEINT EIN ‚POLIZIST' BZW. EIN ‚INSPEKTOR'.

Die Vokabel to inspect merke ich mir mit folgendem Satz: Der Inspektor untersuchte das Mordopfer gründlich.

Wenn du willst, kannst du den Satz auch in eine hilfreiche und zielführende Frage samt Antwort verwandeln. Das würde dann so aussehen: Wer untersuchte das Opfer? Der Inspektor.

In der Frage befindet sich die deutsche Vokabel – in der Antwort steht der entscheidende Hinweis auf die fremdsprachliche Vokabel. Klar ist ja sicherlich, dass das, was ich jetzt gerade auf Englisch demonstriere, genauso gut mit Französisch, Spanisch oder Russisch klappt …

#2
LIGHTER
HEISST
'FEUERZEUG'

WELCHES ÄHNLICH KLINGENDE DEUTSCHE WORT HÖRST DU, WENN DU LIGHTER HÖRST? EINE 'LEITER'.

Die Vokabel lighter merke ich mir mit folgendem Satz:
Mit dem Feuerzeug zünde ich eine Leiter an.

Ich verwandle den Merksatz kurz in Frage und Antwort:
Was zünde ich mit meinem Feuerzeug an? Die Leiter.

#3
NUDE
HEISST
'NACKT'

WELCHES DEUTSCHE WORT KOMMT DIR IN DEN SINN, WENN DU NUDE HÖRST? VOR MIR ERSCHEINEN 'NUDELN'. EIN GANZER TELLER VOLLER NUDELN.

Die Vokabel nude merke ich mir mit folgendem Satz:
Als sie plötzlich nackt die Küche betrat, hatte sie in ihrem Mundwinkel noch eine Nudel hängen.

Nun noch die passende Frage inklusive der Antwort:
Was fiel mir auf, als sie plötzlich nackt vor mir stand? Die Nudel an ihr.

#4
TO STIR SOMETHING HEISST ‚ETWAS UMRÜHREN'

DABEI MUSS MAN WISSEN, DASS **TO STIR** SO AUSGESPROCHEN WIRD: TO STÖHR. WELCHES DEUTSCHE WORT KOMMT DIR IN DEN SINN? KLAR. ETWAS ‚STÖRT' MICH ODER ETWAS STÖRT MICH NICHT.

Die Vokabel to stir merke ich mir mit folgendem Satz: Der Barmann rührt den Cocktail sehr lange um – das stört mich.

Die Frage, die ich mir dazu selber leise stelle, lautet: Was stört mich? Antwort: „Dass der Barkeeper so ewig lange umrührt!".

#5
TROUT HEISST ‚FORELLE' UND ES SPRICHT SICH ‚TRAUT' AUS.

HIER MUSS MAN WIRKLICH NICHT LANGE ÜBERLEGEN. AUS **TROUT** WIRD NATÜRLICH ‚TRAUT'.

Die Vokabel trout merke ich mir mit folgendem Satz: Meine Ex hat sich kürzlich getraut. Ihr Typ glotzte wie eine Forelle.

Ok! Du findest meine Merkhilfe in diesem Fall vielleicht fies, aber es ist auch irgendwie lustig. Und genau so soll es sein – auch beim Vokabeln lernen!

Ich nehme mal stark an, dass du das Grundprinzip dieser speziellen Vokabeltechnik verstanden hast. Der Clou daran ist, dass man sie praktisch bei allen Sprachen der Welt anwenden kann. Beispiel gefällig? Wie wäre es mit ‚choukran'? Auf Arabisch heißt ‚choukran' nichts anderes als ‚Danke'. Bei ‚choukran' kommen mir gleich zwei Begriffe in den Sinn: ‚Schuhe' und ein ‚Kran'. Ich stelle mir folgende kleine Szene dazu vor: „Er zog meinen Schuh mit einem Kran aus dem Wasser und ich sagte erleichtert danke."

Kurzer Ausflug nach Italien? Apfel heißt auf Italienisch ‚melo'. Das ist für uns natürlich eine Steilvorlage: „An unserem Apfelbaum hängen plötzlich dicke Melonen." Alles klar?

Da es mir ja darum geht, dass du schnell Vokabeln lernst, muss an dieser Stelle unbedingt eine Übungsaufgabe erscheinen. Ich gebe dir jetzt 15 weitere englische Vokabeln und die entsprechende Übersetzung an die Hand. Du überlegst dann bitte, welches treffende Wort dir als erstes zu dem englischen Begriff in den Sinn kommt. Darauf basierend formulierst du im next step bitte jeweils deinen ganz individuellen Merksatz.

Mit welchen deutschen Begriffen ich die Vokabeln assoziiere, das lasse ich dich dann auf den nächsten Seiten wissen. Bitte schnapp dir nun einen Stift und ein Blatt Papier – ich wünsch dir viel Spaß mit dieser praktischen Herausforderung.

6. **WIMP** → WEICHEI
7. **RUMORS** → GERÜCHTE
8. **SCENT** → DUFT
9. **MUG** → BECHER
10. **TONGUE** → ZUNGE
11. **SHIVER** → ZITTERN
12. **LIAR** → LÜGNER
13. **TO TINKER** → ETWAS BASTELN
14. **TO DIVE** → TAUCHEN
15. **TO ROAST** → BRATEN
16. **TO INCREASE** → STEIGERN, ERHÖHEN
17. **TO HIT** → SCHLAGEN, TREFFEN
18. **TO RENT** → MIETEN
19. **TO FAIL** → VERSAGEN
20. **TO CHEER** → JUBELN

Ich hoffe sehr, dass ich dich mit dieser kleinen Aufgabe gefordert habe. Es geht immer darum, deine grauen Zellen auf Drehzahl zu bringen. Wenn deine Fantasie gefordert ist und du gezielt nach Assoziationen suchst, dann passiert genau das. Wichtig: Ich kann dir die Technik erklären und dich motivieren. Was ich nicht kann, ist, dir einen Karton mit Kreativität frei Haus zu liefern. Die musst du schon selbst entfalten.

Nun möchte ich dir meine Ideen nicht verheimlichen – höchstwahrscheinlich haben wir bei der ein oder anderen Vokabel genau in die gleiche Richtung gedacht. Bitte vergleiche deinen Merksatz mit meinem – denn selbstverständlich zahlt auch diese Wiederholung unmittelbar auf deine Merkfähigkeit ein.

6.
WIMP
→ **WEICHEI**

Bei wimp denke ich an ‚Wimpern' oder auch an einen ‚Wimpel'. Mein Satz lautet: Ich male ein paar Wimpern auf ein weichgekochtes Ei drauf. Leider ist es so weich, dass es beim Malen zerfließt. So ein Weichei wegen ein paar Wimpern.

7.
RUMORS
→ **GERÜCHTE**

Leichte Übung: rumors klingt wie ‚es rumort'. Mein Satz lautet: Beim FC Bayern rumort es mal wieder – sind es nur Gerüchte?

8.
SCENT
→ **DUFT**

Bei scent denke ich natürlich an ‚Cent'. Mein Satz lautet: Kann das sein? Ein edler Duft für nur 99 Cent!

9.
MUG
→ BECHER

Bei mug, gesprochen magg, kommt mir eine ‚Magd' in den Sinn. Mein Satz lautet: Die hübsche Magd kippte ihm einen heißen Becher Tee über die Hose.

10.
TONGUE
→ ZUNGE

Bei tongue denke ich an ‚Seetang'. Mein Satz lautet: Meine Zunge umwickle ich mit Seetang.

11.
SHIVER
→ ZITTERN

Bei shiver denke ich an den ‚Schiffer' (also ein Bootsman). Mein Satz lautet: Ein Schiffer zittert am ganzen Körper.

12.
LIAR
→ LÜGNER

Bei liar denke ich an ‚Leier'. Mein Satz lautet: Es war lächerlich – der Lügner wiederholte immer wieder die alte Leier.

13.
TO TINKER
→ ETWAS BASTELN

Bei to tinker denke ich an ‚Tinkerbell', die kleine Fee in den Peter Pan Filmen. Mein Satz lautet: Tinkerbell bastelt etwas Hübsches für Peter Pan.

14.
TO DIVE
→ TAUCHEN

Bei dive denke ich an eine ‚Diva'. Mein Satz lautet: Sabine war eine unglaubliche Diva: Aus Sorge um ihre Frisur lernte sie niemals tauchen.

15.

TO ROAST

→ BRATEN

Zu roast fällt mir sofort unser ‚rösten' ein. Daher ist dieser Merksatz etwas speziell: To roast klingt genau wie rösten, es heißt aber braten.

16.

TO INCREASE

→ STEIGERN, ERHÖHEN

Bei increase denke ich an eine ‚Krise' oder aber an ‚Griechenland'.

So sehen zwei mögliche Eselsbrücken aus:
Ich wollte meine Umsätze steigern, doch der Markt steckte in einer Krise.
Wo kann ich am schnellsten meine Umsätze steigern? „In Greece", rät der Engländer.

17.

TO HIT

→ SCHLAGEN

Klar – bei hit denke ich selbstverständlich an einen ‚Hit'. Meine Merkhilfe funktioniert so: Schlagen Sie mich nicht, aber ich singe jetzt einen Hit von Heino.

18.

TO RENT

→ MIETEN

Auch hier liegt die Gedankenstütze auf der Hand: rent passt zum Stichwort ‚Rente'. Zum Beispiel so: Von seiner Rente mietet er sich gerne dicke Autos.

19.
TO FAIL
→ VERSAGEN

Von to fail ist der Weg nicht weit zum ‚Pfeil'.
Ein passender Satz lautet so: Im Umgang mit Pfeil und Bogen versagte er kläglich.

20.
TO CHEER
→ JUBELN

Bei cheer denke ich an ‚Cheerleader'.
Schließlich leitet sich der Begriff ja davon ab.
Also: Cheerleader müssen jubeln – egal bei welchem Spielstand.

So! Bevor du dir die nächste Pause gönnst, bitte ich dich, nochmals die Augen zu schließen. Lehne dich entspannt zurück und lasse die Vokabeln erneut vor deinem geistigen Auge erscheinen. Wenn du 17 bis 20 Wörter übersetzen kannst, dann ist das eine überragende Gedächtnisleistung. Ich gratuliere. Und du siehst, Vokabeln lernen macht so nicht nur Spaß, es geht auch superschnell.

WIE HEISST ES SO SCHÖN:

YES, WE CAN!

5 GANZ SCHÖN SPEKTAKULÄR

Unglaubliche Gedächtnisrekorde und das System dahinter

Im Schlusskapitel dieses Buchs möchte ich nun noch zweierlei erreichen: Ich möchte, dass du den Mund nicht mehr zukriegst, wenn ich von den schier unfassbaren Leistungen der Gedächtnisweltmeister berichte und ich hoffe, dass du noch einmal herzlich lachst. Unser Ausgangspunkt waren hier gute Witze und mit meinen drei Lieblingsjokes plus Merkhilfe werde ich mich nachher auch verabschieden.

Lass uns zuvor aber einen Blick auf Gedächtniswettbewerbe werfen. Menschen, die sich dieser Herausforderung stellen, können sich im Alltag auf Grund ihrer perfekt organisierten Systematik sehr viel merken. Wenn es um Gedächtnissport geht, tritt die Alltagstauglichkeit allerdings in den Hintergrund. Es geht seit 1990 vielmehr darum, Grenzen auszuloten, egal, ob das Eingeprägte nun sinnvoll ist oder eben nicht. So werden beispielsweise die Gedächtnisweltmeisterschaften, die World Memory Championships, als dreitägiger Zehnkampf durchgeführt. Die einzelnen Disziplinen heißen: Abstrakte Bilder, Binärzahlen, Namen und Gesichter, Eine-Stunde-Zahlen, Zahlensprint, Historische Daten, Wörterlauf, Eine-Stunde-Spielkarten, Kartensprint und gesprochene Nummern. Die jüngste WM fand mit 520 Teilnehmern aus 40 Ländern übrigens in Wuhan/China statt. In einer Stadt also, die mittlerweile traurige Berühmtheit erlangt hat.

ABSTRAKTE BILDER

Wie dem auch sei: Generell beginnen die Wettbewerbe mit der Disziplin „Abstrakte Bilder". Die Leistung, die dabei von den Teilnehmern erbracht wird, ist schlicht beeindruckend. Es geht darum, sich in 15 Minuten möglichst viele Bilderreihen einzuprägen.

Jeden „Klecks" verwandeln die Teilnehmer dabei in ein Bild, welches sie anschließend auf den vertrauten Routenpunkten – sprich den mentalen Briefkästen – ablegen. Auf der rechten Seite sehe ich im ersten Klecks eine Comic-Figur im Profil. Diese hat eine dicke Nase und ein noch größeres Kinn. Rechts oben trägt sie einen Hut. Kannst du es erkennen? Der zweite Fleck ist ein Ampelmännchen, welches nach links geht. Klecks 3 ist ein gedrehtes Herz. Die zwei Nippel auf der linken Seite sind die zwei Arterien. Klecks 4 ist ein Hunde-Haufen und 5 ein Nashorn.

SO KÖNNTEN ZUM BEISPIEL DIE BEIDEN ERSTEN REIHEN AUSSEHEN:

Diese Kleckse platzieren wir jetzt mal auf der uns bekannten Autoliste. Die Comic-Figur tanzt auf der Stoßstange, das Ampelmännchen liegt tot auf der Motorhaube, das Herz wird von den Scheibenwischern aufgespießt, der Hundehaufen pappt auf der Scheibe und das Nashorn zerschmettert das Lenkrad. In diesem Stil geht es dann weiter. Zeile 2 wird den Routenpunkten 6–10 zugeordnet, Zeile 3 verbinde ich mit den mentalen Briefkästen von 11–15 und so weiter und so weiter …

In 15 Minuten prägen sich die Gedächtnisprofis nach diesem Prinzip so viele Reihen wie möglich ein. Anschließend werden ihnen alle Zeilen wieder vorgelegt – nur dass sich die Reihenfolge innerhalb jedes Fünferpacks verändert hat. Dann gilt es in 30 Minuten die ursprüngliche Ordnung wieder herzustellen.

In den Kästchen muss dann die korrekte Reihenfolge notiert werden. Hier also: 1 / 3 / 5 / 2 / 4 und für Reihe 2: 3 / 1 / 5 / 4 / 2

Und jetzt halte dich bitte gut fest: Im Juli 2013 ordnete der Deutsche Johannes Mallow 492 Bilder richtig an. 30 Minuten Zeit hatte er dafür. Das ist der Wahnsinn, oder? Allerdings wurde sein Rekord vom Chinesen Hu Jiabao 2018 bei Weitem übertrumpft. Es gelang ihm, 804 Bilder wiederzugeben. Kannst du dir das vorstellen?

Gerne zähle ich noch einige weitere Rekorde auf. Nach der 15-minütigen Betrachtung von Gesichtern und zugehörigen Namen konnte ein Schwede 187 Personen korrekt identifizieren. Der deutsche Rekord im Spielkartenmerken liegt bei 372 – aufgestellt von Simon Reinhard. Zehn Minuten lang folgte Karte auf Karte. Ein Spiel besteht bekanntlich aus 52 – er merkte sich also mehrere Stapel.

SCHAU MAL – SO SÄHE UNSER BEISPIEL VON EBEN AUF DEM KONTROLLBLATT AUS:

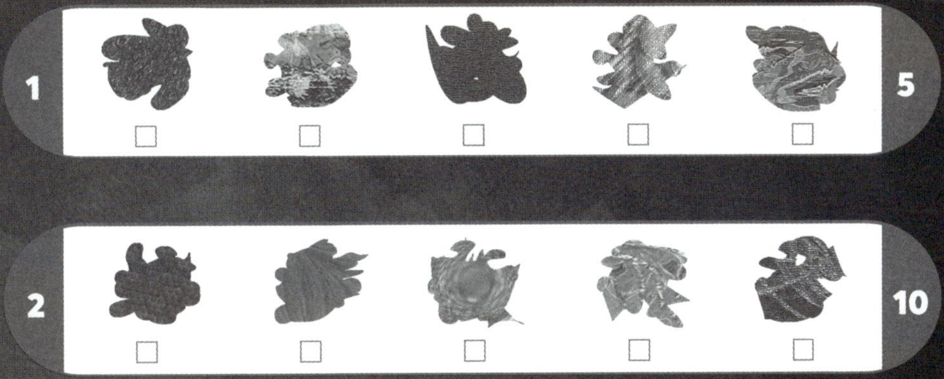

BINÄRZAHLEN MERKEN

Als extrem schwierig wird häufig das Merken von Binärzahlen empfunden. Dabei konzentrieren sich die Teilnehmer eine halbe Stunde lang auf insgesamt 10 Seiten mit jeweils 25 Reihen à 30 Binärziffern. Insgesamt also auf 7.500. Nur damit hier keine Missverständnisse aufkommen: Wir sprechen hier ausschließlich von Nullen und Einsen.

Das Ganze würde also z. B. so losgehen:

001010001000001110100001100011

Der eben bereits erwähnte Johannes Mallow hat es 2015 bei den Spanish Open nach einer halben Stunde größter Konzentration auf sagenhafte 4.356 Zahlen gebracht. Wie ist so etwas möglich?

Wie genau Mallow zu dieser Spitzenleistung im Stande war, kann er uns nur persönlich erläutern. Generell aber gilt, dass die Gedächtniskünstler die Binärzahlen in Dreierblöcken wahrnehmen. Es gibt acht unterschiedliche Kombinationsmöglichkeiten, denen eine einstellige Zahl zugeordnet ist. So sehen diese Dreierpacks aus:

000 – 0
001 – 1
010 – 2
011 – 3
100 – 4
101 – 5
110 – 6
111 – 7

Der große Vorteil dieser Umwandlung: Wenn wir zwei Dreierblöcke kombinieren, wird aus insgesamt sechs Binärzahlen eine „normale" zweistellige Zahl. Kleiner Test – welche Binärblöcke verbergen sich hinter diesen Zahlen?

27 – 12 – 19 – 67 WEISST DU'S?

Die Lösung findest du unten auf der Seite auf dem Kopf.

Das ist gar nicht so schwer, oder? Verwandle doch zum Spaß bitte mal dein Geburtsdatum in Binärblöcke! Wenn eine 8 oder 9 darin auftaucht, kannst du auch vermerken: „Geht nicht!"

Ok! Nun habe ich vorhin erzählt, dass die menschlichen Superspeicher über 4.000 Nullen und Einsen aufnehmen und korrekt wiedergeben. Der aktuelle Weltrekord liegt sogar schon bei 5.597. Und wenn du es genau wissen willst – nicht nur bei den Binärzahlen kommt jetzt noch eine dritte Ebene ins Spiel. Schließlich ist es ja einleuchtend, dass es nicht reicht, aus Sechserpacks zweitstellige Zahlen zu machen. Im Kern geht es vielmehr nach wie vor um das, was du dir bereits erarbeitet hast. Nämlich um Bilder und um mentale Briefkästen – um unsere überall einsetzbaren Ablageplätze.

Lass uns das nochmals genauer betrachten. Wie oben schon erwähnt, steht die Binärfolge 001010 für die 12. Das Bild für die Nummer 12 ist dir auch klar. Das ist nämlich der 2. Briefkasten in der Kinoliste, nämlich der Projektor. Jetzt hast du aus einer rationalen, sechsstelligen Binärzahl ein emotionales Bild gemacht.

Die Lösung: 010111 – 001010 – 19 geht nicht – 110111

Dieses Bild, in diesem konkreten Fall der Projektor, wird in einen mentalen Briefkasten abgelegt und verknüpft. Zum Beispiel mit der Körper- oder einer Loci-Liste. Diejenigen, die mit der „Einfach-Unvergesslich-Box" schon arbeiten, haben bereits Bilder für die Zahlenpaare von 00–99 und genügend Briefkästen zum Befüllen.

MAJOR-SYSTEM

Keine Sorge – wenn du auf meine drei Lieblingswitze wartest, wirst du nicht enttäuscht. Ich erzähle dir noch kurz das Geheimnis des ebenso bekannten wie belastbaren **Major-Systems**: Beim Major-System geht es um die Verwandlung der Zahlen von 0–9 in Buchstaben. Diese Verknüpfung wurde ursprünglich im 18. Jahrhundert von klugen Köpfen immer weiter perfektioniert, bis ein gewisser Aimé Paris 1825 seinen berühmt gewordenen Zifferncode präsentierte. Seine Meisterleistung bestand im Wesentlichen darin, eine eindeutige, also leicht nachvollziehbare Zuordnung zu kreieren sowie die Verwendung von Lauten statt der orthographischen Buchstaben zu etablieren.

Manches sieht komplizierter aus, als es ist!
Ganz wichtig: Die Vokale A, E, I, O und U spielen in diesem System keine Rolle. Bevor es nun zu kompliziert wird, gebe ich rasch zwei Beispiele: Das Wort Oma erhält den Zahlenwert 3. Warum? Weil – Achtung Eselsbrücke – beim geschriebenen **M** drei Beine nach unten zeigen. Das **M** steht immer für die 3 und da das **O** und das **A** von unserer Oma keine Rolle spielen, bleibt es also bei der 3.

Verstanden? Damit es noch klarer wird, zeige ich dir die gebräuchlichste Zuordnung von Ziffern, Konsonanten und Merkhilfen:

ZIFFER	ERSATZ-KONSONANTEN	MERKHILFEN
0	*s, z, ß, ss, c (weich)*	vgl. englisch zero
1	*t, d, th*	t könnte man mit einer 1 verwechseln, d ist lautverwandt d und t haben einen Abstrich (Linie nach unten)
2	*n*	n hat zwei Beine (senkrechte Striche nach unten)
3	*m*	m hat drei Beine
4	*r*	vier endet mit r
5	*l*	L erinnert an die römische Ziffer 50 L = Hand mit abgespreizten Daumen = 5 Finger
6	*ch, j, sch, g (weich)*	Die ersten drei Konsonanten von sechs
7	*k, ck, g (hart), c (hart)*	7 ist eine Glückszahl K setzt sich aus zwei 7 zusammen
8	*f, v, w, ph*	V8-Motor bei VW das handschriftliche f hat genau wie die 8 zwei Schleifen
9	*p, b*	9 ist ein gespiegeltes p oder gedrehtes b (beide sind lautverwandt)

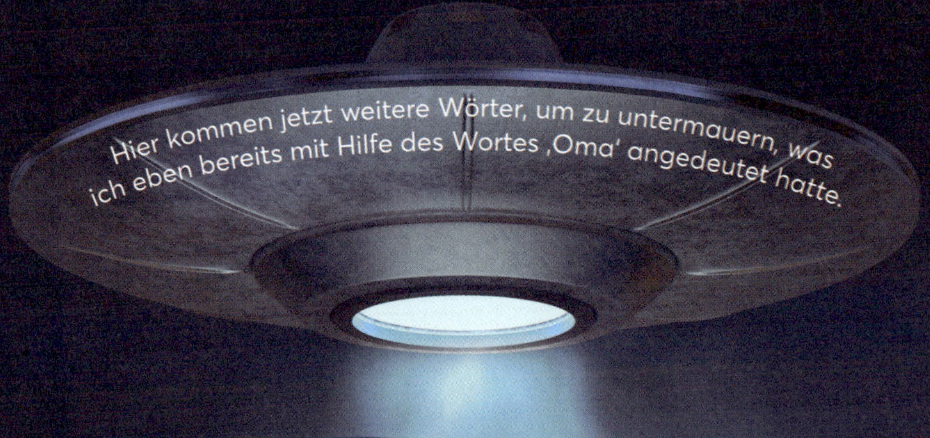

Hier kommen jetzt weitere Wörter, um zu untermauern, was ich eben bereits mit Hilfe des Wortes ‚Oma' angedeutet hatte.

Welchen Zahlenwert hat der Name

OTTO?

Richtig. Es sind nur die beiden t relevant. t steht für die 1, also kommen wir bei Otto auf den Wert 11.

UND

BUS?

Nur das b und das s zählen – wir kommen also auf 90.

GEIGE?

Natürlich – es geht nur um die beiden gg. Die Geige steht also für 77.

UFO?

Ein Blick auf unsere Tabelle genügt. Das f steht für die 8.

Wenn wir uns an dieser Stelle der Major-Systematik eingehend widmen würden, müssten wir nun alle Zahlen von 0–99 mit Wörtern verknüpfen. Entsprechende Listen existieren und sind leicht im Internet zu finden. Wenn du mit dem Major-System arbeiten möchtest, kannst du dir mit diesen fertigen Listen eine Menge Arbeit ersparen.

Das Major-System klingt nur im ersten Moment ein wenig herausfordernd. Wer motiviert ist, der kriegt den Code erstaunlich schnell und gut in den Kopf.

Was kann man damit, abseits von Gedächtniswettbewerben, alles anstellen? Mit den Begriffen, die ich eben eingeführt habe, ist es ein Leichtes, sich zum Beispiel eine Telefonnummer zu merken. Zum Beispiel diese hier:

0221 13056311.

Der Satz, den ich dazu parat haben muss, könnte dann beispielsweise so aussehen:
Ich stehe vor dem Zaun der Nato und sehe dahinter eine Atom-(Bombe), die von einem Esel gezogen wird, der Schaum (vor dem Mund hat) und tot zusammenbricht.

Übrigens: die Telefonnummer gibt es wirklich. Wenn du dort anrufst, dann meldet sich die Prime Production GmbH. Sie produzieren die „heute SHOW" im ZDF und sind täglich auf gute Witze angewiesen.

Sicher denkst du jetzt, dass man auf diese Art und Weise keine Zahlenkolonnen abspeichern kann. Und damit wären wir wieder bei der Loci-Methode. Du kennst ja bereits die Körperliste mit ihren zehn Ablageplätzen, die Raumliste und die Autoliste. Addiert kommen wir also auf 30 Plätze, die du bereits parat hast. Wenn man diese 30 Plätze nun mit 30 Wörtern verknüpft, die in der Major-Systematik hinterlegt sind, dann kommt eine Zahl mit maximal 60 Stellen heraus.

Nähmen wir nur die Körperliste zur Hand, wären wir entsprechend bei einer zwanzigstelligen Zahl.

Jetzt mal ganz konkret: Wenn man sich mit der Major-Systematik und der Körperliste diese Zahl merken wollte,

19954699506841436375

würde – Abrakadabra – zum Beispiel Folgendes dabei herauskommen: **Auf meinen Zehen kackt eine Taube (19). Mit den Knien jongliere ich einen Ball (95), als plötzlich Rauch (46) aus meinen Oberschenkeln steigt. Papa (99) versohlt mir dafür den Popo. Um meinen Bauch schlinge ich ein Lasso (50) – damit habe ich das Schaf (68) auf meiner haarigen Brust gefangen. Auf meiner Schulter tanzt eine Ratte (41). Auf den Schreck genehmige ich mir einen Schluck Rum (43), der brennend durch meinen Hals fließt. Doch plötzlich läuft mir Schaum (63) aus der Nase – bis mir jemand eine Keule (75) über den Kopf zieht.**

Autsch – das Ende meiner Geschichte ist zwar ziemlich schmerzhaft, aber was soll's. Wir haben uns so ganz locker 20 Ziffern gemerkt. Ich schreibe ganz bewusst „locker", denn die Stars der Gedächtnis-Meisterschaften kennen sich mit ihren Ablageplätzen so gut aus wie ein Profikoch in seiner Küche, ein Kfz-Meister im Motorraum oder ein Zahnarzt im Kiefer.

SPIELKARTEN MERKEN

Da ich eben erwähnt hatte, dass es bei Wettbewerben auch darum geht, sich möglichst viele Spielkarten zu merken, möchte ich dir auch noch rasch erläutern, wie das funktioniert. Vielleicht hast du ja Lust, in der Kneipe oder bei Freunden nicht nur mit den gelernten Witzen zu glänzen, sondern gleich noch einen oben draufzusetzen.

Mal unter uns: Du kannst dir mit relativ überschaubarem Aufwand die Abfolge eines kompletten 52er-Kartensets einprägen. Die Top-Leute schauen sich so ein Set durch und zack – schon geben sie es in weniger als einer Minute richtig wieder.

Da du ja nun schon ein alter Hase in puncto Gedächtnistechniken bist, ist es für dich klar, dass auch hier wieder Karten in Bilder verwandelt werden. Die Bilder und unsere Ablageplätze sind immer der Schlüssel zum Erfolg.

Was also passiert mit den Poker-Spielkarten? Ganz einfach. Zunächst überlegst du dir, wofür Karo, Herz, Pik und Kreuz stehen könnten.

♦ ♥ ♠ ♣

Karo steht für die Zirkuswelt –
Karos sind klassische Zirkusmuster, z. B. bei Clownskostümen

Herz steht für den Menschen –
Klar: In jedem von uns schlägt ein großes Herz

Pik für die Natur –
das Pik-Symbol erinnert an ein Kleeblatt oder an einen Baum

Kreuz für die Kirche –
hier bedarf es keiner näheren Erklärung

Diese Kombinationen sind übrigens keinesfalls in Stein gemeißelt. Du kannst bei Karos auch an Bayern oder an Schotten denken. Beim Kreuz vielleicht an deine Ehe denken oder ans Lottospielen. Entscheidend ist, dass du mit einer festen Kombi arbeitest, denn zu den 52 Karten brauchst du letztlich 52 stimmige Bilder.

Auf der rechten Seite zeige ich dir ein paar Beispiele, welche Bilder sich die Stars der Szene zurechtlegen.

→ zwei Trapezkünstler

→ Zirkuszelt

→ Clown

→ Zirkusdirektor

→ sieht aus wie die Spur einer Schnecke

→ Schildkröte

→ Elefant

→ Löwe

→ Hand

→ Brille

→ Lady Di, die Königin der Herzen

→ Chefarzt

→ Kirchturm

→ Glocken

→ Bibel (mit den „Zehn Geboten“)

→ Nonne (natürlich)

Wenn du mehr wissen willst – 52 gute Assoziationen findest du zum Beispiel unter **www.unvergesslich.de/spielkarten-merken**

Eigene Assoziationen zu den Karten gehen letztlich aber noch eindringlicher ins Gedächtnis, einfach weil es die individuell erstellten Bilder sind. Deine Begriffe parkst du selbstredend wieder auf den bekannten Ablageplätzen.

An dieser Stelle sei noch betont, dass die Profis mit gewaltigen Routen arbeiten. Vom heimischen Bett führt der eingespeicherte Weg mit 100 mentalen Briefkästen vielleicht zum Bäcker oder eben zum Arbeitsplatz. Wenn einem dieses Raster erst einmal in Fleisch und Blut übergegangen ist, lässt sich damit prächtig arbeiten. Auch hier gebe ich dir gerne ein kurzes Beispiel. Die Raumliste hast du ja drauf und wir belegen jetzt einfach unsere zehn Plätze aus dem Kino mit diesen Spielkarten-Bildern:

#1 Der Ticketabreißer reitet auf einer Schildkröte durch das Kino.

#2 Am Projektor hängen zwei riesige Kirchturmglocken. Bim-Bam.

#3 Auf dem Logensessel sitzt eine Nonne – sie ist eingeschlafen, weil der Film 'soooo' mitreißend war.

#4 An den Lautsprechern kriechen ein paar eklige Nacktschnecken herunter. Dabei ziehen sie eine schleimige Spur hinter sich her.

#5 Durch den Notausgang drängeln sich alle Chefärzte aus dem Kinosaal.

#6 Auf dem Vorhang befindet sich das bayrische Wappen mit dem Löwen.

#7 Auf der Leinwand läuft gerade der Film „Die 10 Gebote" und Moses hält die Steintafeln in die Luft.

#8 Die Eisverkäuferin sieht deiner Frau verflucht ähnlich.

#9 Zwei Trapezkünstler schlagen kopfüber auf dem Treppenaufgang auf.

#10 Ich drücke den Lautstärkeregler ganz nach oben und sprenge dadurch den Kirchturm weg.

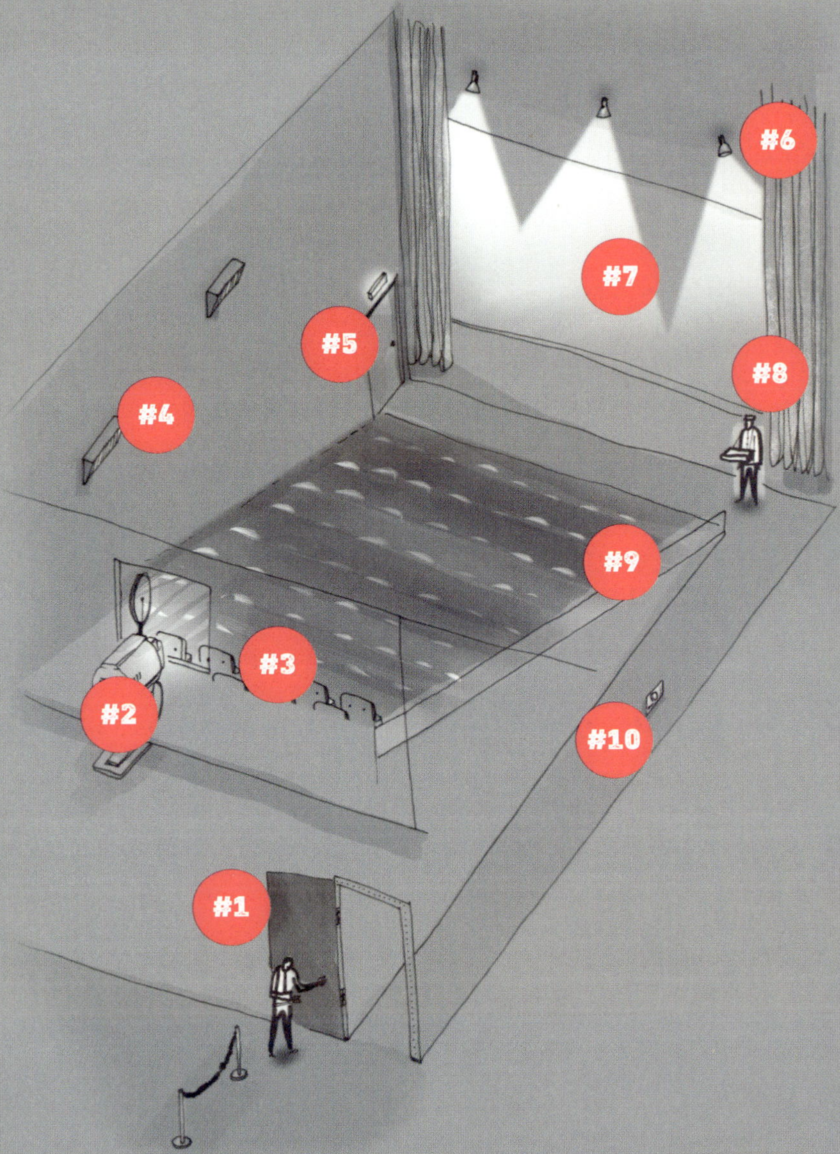
#1
#2
#3
#4
#5
#6
#7
#8
#9
#10

Dir ist klar, was wir da gerade gemacht haben? Genau. Wir haben uns die Reihenfolge von zehn Spielkarten gemerkt: **Pik 5 – Kreuz 2 – Kreuz Dame – Pik 3 – Herz König – Pik König – Kreuz 10 – Herz Dame – Karo 2 – Kreuz As**

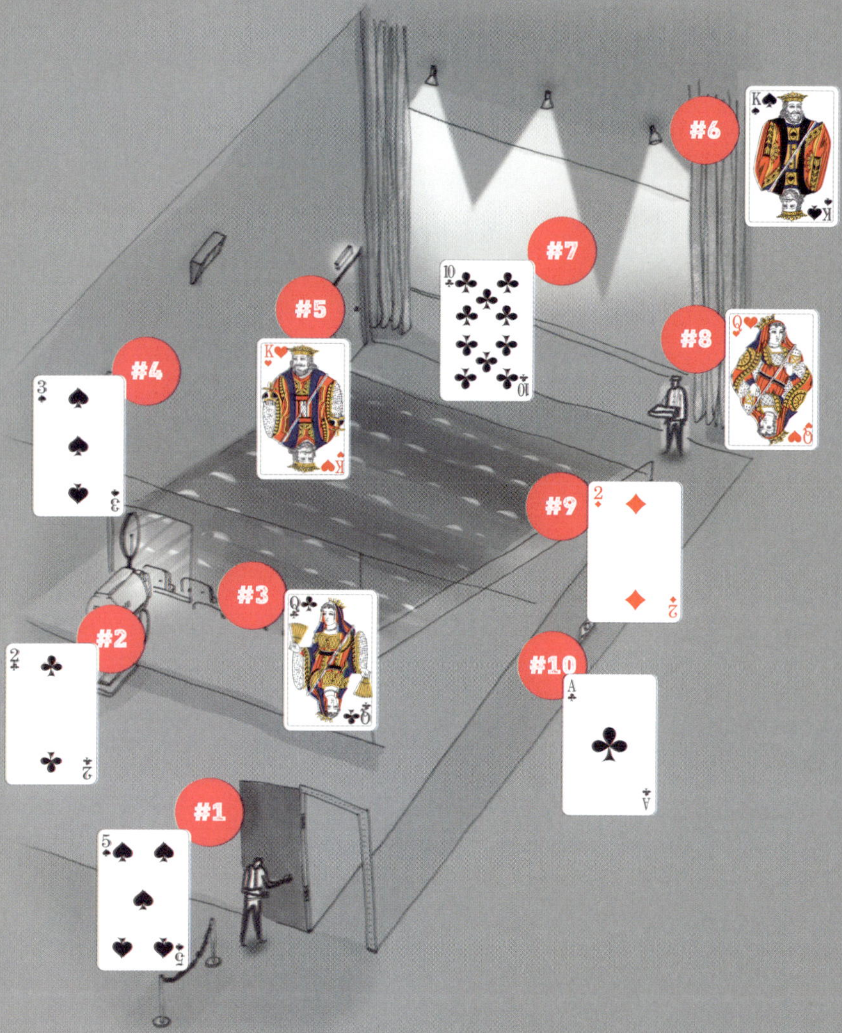

Rekapituliere noch Mal: Schildkröte gleich Pik 5, Kirchturmglocken gleich Kreuz 2, Nonne gleich Kreuz Dame usw. Ist doch ganz easy, oder!?

Bemerkenswert ist: Eine gewisse **Munkhshur Narmandakh**, eine Gedächtnisweltmeisterin aus der Mongolei, konnte nach einer Stunde 1924 Karten korrekt wiedergeben. 1924! Das ist kein Witz, sondern schlicht eine Wahnsinnsleistung.

Weitere Weltrekorde im Überblick:

Gesprochene Zahlen: Der Koreanerin **Ryu Song I** gelang es bei der WM 2019 tatsächlich 547 Ziffern wiederzugeben, die ihr vorher im Abstand von je einer Sekunde genannt wurden.

Geschriebene Zahlen: Hier entfällt die irre Sekunden-Taktung – wie ein Scanner liest der Gedächtnissportler seine Ziffern ein. Nach einem Zeitfenster von 30 Minuten war der Chinese **Zhang Xingrong** im Stande, 1.844 Nummern in der richtigen Reihenfolge aufzuschreiben. Sensationell!

Karten-Sprint: Diese interessante Disziplin erfreut sich größter Beliebtheit. Es geht darum, sich die Reihenfolge eines Stapels aus 52 Spielkarten zu merken. Der Gedächtnissportler nimmt den Stapel, fächert ihn kurz auf und schließt ihn, sobald er glaubt, den Kartenlauf im Kopf zu haben. Dem Deutschen **Simon Reinhard** gelang das Kunststück 2011 nach 21,9 Sekunden – der Weltrekord liegt mittlerweile bei 13,96 Sekunden, gehalten von dem Chinesen **Zou Lujian**.

LAST BUT NOT LEAST: MEINE DREI LIEBLINGSWITZE

Aber genug davon: Ich serviere dir jetzt meine drei aktuellen Lieblingswitze samt Eselsbrücken. Erzähle sie gerne weiter und falls jemand wissen möchte, wie man sich diese merkt – du darfst mich gerne weiterempfehlen.
Bereit? Und los geht's:

Ein kleines Privatflugzeug hat plötzlich einen Motorschaden. Die Maschine wird gleich abstürzen. Dummerweise gibt es für die vier Passagiere nur drei Fallschirme. Der erste packt sich einen und sagt: „Ich bin Brad Pitt. Meine Kinder brauchen mich, meine Fans wollen mich – auf mich kann niemand verzichten." Er springt! Dann reißt sich ein Mann den Hut vom Kopf, wendet sich zu den beiden anderen und sagt: „Ich bin Donald Trump. Der klügste und mächtigste Präsident aller Zeiten. Ohne mich ist Amerika verloren." Er springt! Zurück bleiben ein Opa und sein Enkel. Unter Tränen sagt der Opa: „Junge, ich habe schon viel erlebt, du aber hast noch alles vor dir. Bitte nimm du den Fallschirm." Erwidert der Kleine: „Hey Opa. Kein Problem. Der klügste Präsident aller Zeiten hat eben meinen Schulranzen genommen!"

Kanntest du den schon? Ich liebe diesen Witz, denn man kann sich Ex-Präsident Donald Trump mit seiner großen Klappe in dieser Rolle so wunderbar vorstellen. Wie merke ich mir die köstliche Absturz-Anekdote? Die Körperliste ist bei dir zwar schon mit zehn Witzen belegt, aber das ist kein Problem. Unser Körper hat ja noch mehr zu bieten als die von uns bisher festgelegten Plätze. Wir nehmen also noch drei mentale Briefkästen in unsere Liste auf. Und zwar: Den Daumen, den Zeigefinger und den Mittelfinger. Wenn ich dir statt drei Lieblingswitze, fünf erzählen würde, könntest du auch noch den Ringfinger und den kleinen Finger nehmen.

Ich male mir also aus, dass Trump sich vor dem Absprung nochmals umdreht, beide Daumen nach oben streckt und er dann mit dem Schulranzen ahnungslos in die Tiefe stürzt. Das müsste klappen! Daumen hoch – bye, bye Mister Präsident!

UND WEITER GEHT'S – HIER KOMMT WITZ-ZUGABE NUMMER 2

Jeden Morgen spielt sich im Hause Schulz das gleiche Drama ab: „Ich will nicht in die Schule, ich will heut nicht in die Schule!" Frau Schulz ist schwer genervt: „Ich kann das nicht mehr hören. So schlimm kann es doch gar nicht sein." Ihr Einwand zieht aber überhaupt nicht: „Doch! Es ist schrecklich! Die Lehrer nerven total, die Schüler ärgern mich und sogar der Hausmeister hat es auf mich abgesehen." Da platzt Frau Schulz der Kragen: „Jetzt reicht's mir aber! Du gehst jetzt! Du bist 56 Jahre alt und der Direktor."

Ja, ja – so kann's gehen! Da sage mir noch einer, nur die Schüler hätten es schwer!

Also: Schau auf deinen Zeigefinger und stell dir vor, wie Frau Deuter mahnend den Zeigefinger nach oben hält und ihren Mann in Richtung Schule stupst. Das reicht schon, um den Witz parat zu haben. Der aufgelöste Direktor erscheint quasi automatisch vor deinem geistigen Auge.

Und damit wären wir beim letzten Witz dieses kleinen Buchs angekommen. Ich nehme es vorweg: Es wird für einige schmerzhaft, aber die Story muss einfach raus. Ach ja – mein Vater hat sie in seinem Berufsleben übrigens nicht erlebt. Es ist reine Fiktion und zum Glück keine Geschichte aus dem wahren Leben.

BEREIT?

Eine junge Frau fährt mit dem Fahrrad durch die Stadt. Auf dem Gepäckträger hat sie zwei Säcke.

Der eine Sack hat ein Loch, aus dem ständig Euromünzen herausfallen. Zwei Polizisten stoppen die Frau und machen sie darauf aufmerksam. „So ein Mist", erwidert sie. „Jetzt muss ich schnell den ganzen Weg zurückfahren und die Euros wieder einsammeln."

„Moment mal", sagt einer der Polizisten skeptisch, „woher haben Sie das ganze Kleingeld überhaupt?" Darauf die Frau: „Ach wissen Sie, ich habe einen Schrebergarten direkt neben dem Fußballstadion. Die Fans kommen immer vorbei und pinkeln in meinen Garten. Gestern habe ich mich mal mit der Heckenschere hingestellt und gesagt: Entweder du gibst mir einen Euro oder dein gutes Stück ist ab."

Die Polizisten lachen: „Gute Idee!", sagt der eine. „Aber was ist denn in dem anderen Sack?" „Naja", sagt die Frau, „es wollten nicht alle bezahlen!"

So! Das nennt man dann wohl einen ordentlichen Rausschmeißer, oder? Und weißt du, was das Beste daran ist? Genau, der letzte von mir definierte Aufhänger an der Körperliste ist … oh mein Gott, ich hab da jetzt eine ganz andere Idee, aber es ist … der Mittelfinger. Das passt doch wie die Faust aufs Gretchen. Du kannst dir das passende Bild sicher selbst ausmalen, aber weil es so schön ist, übernehme ich den Fall: Ich stelle mir vor, wie ich der Frau den Mittelfinger zeige und schnipp – schon landet mein bestes Stück im Sack. Ich hoffe, dass diese Merkhilfe nicht zu krass ausgefallen ist und wünsche dir nun viel Spaß bei der Wiederholung aller in diesem Buch erzählten Witze!

BONUS-WITZE

„ZUGABE, ZUGABE!"

So viel Spaß macht mein Training

Also gut. Du kannst das Buch jetzt ins Regal sortieren. Oder noch besser: Leg es auf deinen Nachttisch. Solltest du vor dem Einschlafen noch eine Lektüre zur guten Nacht benötigen, dann ziehst du es einfach hervor und wiederholst das Gelernte.

Klar – du kannst auch einfach weiterlesen, denn jetzt kommt, was auf Rockkonzerten üblich ist: Die Zugabe! Ich bin zwar kein Rockstar, aber immer,

wenn ich die Inhalte dieses Buchs live auf der Bühne präsentiere, will mein Publikum am Ende Nachschlag!

Was jetzt folgt, sind insgesamt 35 Witze, mit denen du die erlernten Merktechniken vertiefen kannst. Die Witze habe ich in fünf Kategorien unterteilt – du darfst dich auf Scherze für Männer, Frauen, Kinder, Speaker (so wie ich einer bin) und über markige Chuck-Norris-Sprüche freuen. Letztere werden auf besonderen Wunsch meines Sohnes Alexander, den einige vielleicht schon durch meine Webinare kennengelernt haben, gerne von mir mit aufgenommen.

Aber nochmal: Du weißt, dass ich mehr sein will, als dein persönlicher Witze-Lieferant. Gemeinsam lachen tut natürlich immer gut, aber primär geht es ja darum, dass du die Lacher auf deiner Seite hast. Dass du einen Joke rauslassen kannst, wann immer sich die Gelegenheit dazu bietet.

Erinnere dich also bitte an die Körperliste aus Kapitel 1, die Kinoliste aus Kapitel 2 und unsere Autoliste aus Kapitel 3. Belege sie neu oder erweitere sie – von mir aus erfinde eine neue, dir vertraute Raumliste. Die „merkwürdigen“ Schlüsselbegriffe, die dir auf die Sprünge helfen werden, habe ich schon rausgesucht. Die Verbindung zu deiner Liste baust du dir bitte selbstständig dazu auf.

Ich weiß, dass du das hinkriegst und wünsche dir jetzt ganz viel Spaß. Feuer frei!

7 WITZE FÜR KINDER

Auf diese Witze für Kinder kannst du dich absolut verlassen! Ich habe ihre Wirkung an meinem Sohn getestet und wir haben sie für sehr gut befunden.

Fritzchen meldet sich gleich zu Beginn der Schulstunde: „Herr Hofmann, kann man eigentlich für etwas bestraft werden, das man gar nicht getan hat?“ „Nein“, antwortet der Lehrer, „das wäre doch total ungerecht.“ Darauf antwortet Fritzchen: „Das beruhigt mich. Ich habe nämlich keine Hausaufgaben gemacht.“

Schlüssel: keine Hausaufgaben

Wie nennt man einen Bären, der laut „Kugel“ schreit? *Kugel-schrei-bär!*

Schlüssel: Kugelschreiber

Was sagt der große Stift zum kleinen Stift? *Wachs-mal-Stift!*

Schlüssel: Wachsmalstift

Wie nennt man einen Bumerang, der nicht zurückkommt? *Stock!*

Schlüssel: Bumerang

Was freut sich und stinkt? *Ein Gefurztagskind!*

Schlüssel: Geburtstagskind

Was ist grün und sitzt auf dem Klo? *Ein Kaktus!*

Schlüssel: Kaktus

Wie nennt man einen Cowboy ohne Pferd? *Sattelschlepper!*

Schlüssel: Cowboy

7 WITZE FÜR MÄNNER

Weiter geht's mit meinen Witzen für Männer. Zur Sicherheit möchte ich darauf hinweisen, dass es sich bei den folgenden Anekdoten natürlich NUR um frei erfundene Witze handelt. Mit der Realität hat das Gesagte rein gar nichts zu tun.

Jan und Dennis unterhalten sich. Plötzlich flüstert Dennis: „Mal unter uns: Ich baue für meine Frau gerade einen Stuhl." Jan erwidert: „Na und?". Dennis: „Bis auf die Elektrik ist schon alles fertig!"

Schlüssel: elektrischer Stuhl

Sie zu ihm: „Schatz, was würdest du tun, wenn mich jemand entführt?" Er: „Ganz ehrlich? Ich würde die Stunde Ruhe genießen, bevor dich der Täter freiwillig zurückbringt!"

Schlüssel: Entführer

Wenn Frauen sich unterhalten, dann sitzt der Teufel aufmerksam in der Ecke und lernt.

Schlüssel: Teufel in der Ecke

„Nein, ich habe deine Kochkünste doch nicht kritisiert. Ich habe lediglich festgestellt, dass wir den einzigen Hund im Ort haben, der am Esstisch nicht bettelt."

Schlüssel: Hund, der sich wegdreht und den Kopf schüttelt

Ein junger Kerl telefoniert mit seiner neuen Freundin: „Du – ich kann dir gar nicht sagen, wie sehr ich mich auf heute Abend freue. Ich habe extra drei Theaterkarten besorgt." Darauf sie: „Wow! Cool. Aber warum denn gleich drei?" „Na ja – deine Eltern sollen gefälligst auch deinen Bruder mitnehmen."

Schlüssel: drei Theaterkarten

Zwei ältere Herren spielen Golf. Als an Loch 7 in Sichtweite gemächlich ein Trauerzug an ihnen vorüber zieht, legt der eine den Schläger zur Seite, nimmt seine Mütze ab und hält inne. Da sagt sein Mitspieler: „Mensch, ich hab dich gar nicht für so sensibel und respektvoll gehalten." Sein Spielpartner entgegnet: „Na komm. Das ist wohl das Mindeste – schließlich waren wir fast 25 Jahre verheiratet".

Schlüssel: Golf und Trauerzug

Der Bauarbeiter fragt seinen Chef: „Darf ich am Freitag ausnahmsweise mal zwei Stunden früher Schluss machen? Meine Frau möchte unbedingt mal wieder so richtig mit mir shoppen geh'n." Darauf der Chef: „Kommt überhaupt nicht in die Tüte. Die Arbeit erledigt sich ja schließlich nicht von selbst." Der Arbeiter nickt kurz. „Ok! Danke! Ich wusste, dass Sie mich nicht im Stich lassen."

Schlüssel: shoppender Bauarbeiter

3 X 7 SPRÜCHE

CHUCK NORRIS

Ich liebe Chuck-Norris-Witze, deswegen gibt es hier eine bescheidene, klitzekleine Auswahl von 3x7 knallharten Fakten zu Chuck Norris. Fakten? Klar. Denn über Chuck Norris macht man besser keine Witze!

Wie viele Liegestütze schafft Chuck Norris? Alle!

Schlüssel: Liegestütze

Chuck Norris weiß, wo der Pfeffer wächst.

Schlüssel: Pfeffer

Chuck Norris hat einen Grizzlybär-Vorleger in seinem Zimmer. Nein – der Bär ist nicht tot. Er hat nur Angst, sich zu bewegen.

Schlüssel: Grizzlybär

Wie heißt das Tagebuch von Chuck Norris? Guinessbuch der Rekorde!

Schlüssel: Tagebuch

Wie hört es sich an, wenn Chuck Norris angelt? Du, du und du ... rauskommen!

Schlüssel: Angel

Chuck Norris geht zur Sonntagsmesse am Dienstag.

Schlüssel: Sonntagsmesse

Chuck Norris kann den toten Winkel zum Leben erwecken.

Schlüssel: toter Winkel im Rückspiegel eines Autos

Chuck Norris niest mit offenen Augen!

Schlüssel: offene Augen

Wie heißt die Tochter von Chuck Norris? Chuckeline.

Schlüssel: Tochter

Chuck Norris wurde einmal von der hochgiftigen Black Mamba-Klapperschlange gebissen. Und siehe da: Nach drei Tagen Höllenqualen ist die Black Mamba verstorben.

Schlüssel: Black Mamba

Chuck Norris kann Frauen die Abseitsregeln erklären!

Schlüssel: Abseitsregeln

Wie trinkt Chuck Norris aus dem Wasserhahn? Natürlich auf ex.

Schlüssel: Wasserhahn

Chuck Norris kann Strg+Alt+Entf gleichzeitig mit einem Finger drücken ...

Schlüssel: Computertastatur

Chuck Norris kann mit Durchfall furzen.

Schlüssel: Durchfall

Chuck Norris hat einmal die Jungferninseln besucht. Danach hießen die anders.

Schlüssel: Jungferninseln

Chuck Norris hat schon mehr Leute vermöbelt als IKEA!

Schlüssel: IKEA

Als Chuck Norris geboren wurde, hat er die Nabelschnur selbst durchgebissen.

Schlüssel: Nabelschnur

Wenn sich ein Zug umbringen möchte, wirft er sich vor Chuck Norris.

Schlüssel: Zug

Die Cowboystiefel von Chuck Norris sind aus echten Cowboys!

Schlüssel: Cowboystiefel

Chuck Norris schmeißt eine Party mit Gästen – 100 Meter weit.

Schlüssel: Party

Boah ey, alle labern immer von Chuck Norris!!! Wenn es Chuck wirklich geben würde, dann stände der Typ jetzt hinter mir und würde meinen Kopf auf die Tastatur schhhaahrhcsrhöoah sidfshgfdfd56gw3fd4u65fdff dfiosgaörhrercjmceui5snmhklxj lbmhkjcerukc4eo

Schlüssel: Kopf auf der Tastatur

7 WITZE FÜR FRAUEN

In jedem Witz steckt auch immer ein Fünkchen Wahrheit. Liebe Frauen, auch dafür liebe ich euch!

Was ist passiert, wenn ein Mann plötzlich nur noch 10 % seiner Intelligenz hat? Seine Frau ist gestorben!

Schlüssel: 10 % Intelligenz

Eine Frau begleitet ihren Mann zum Arzt. Nach der Untersuchung ruft der Arzt die Ehefrau allein in sein Zimmer und sagt: „Ihr Ehemann ist leider in einer schrecklichen Verfassung. Er leidet unter einer schweren Krankheit, die mit Stress verbunden ist. Sie müssen deshalb unbedingt meinen Anweisungen folgen. Andernfalls wird er sterben!" Die Frau hört aufmerksam zu: „Machen Sie ihm morgens ein nahrhaftes Frühstück. Auch mittags und abends muss er gut und gesund bekocht werden. Und: Bitte nerven Sie ihn nicht mit Kleinigkeiten, die seinen Zustand noch verschlimmern könnten. Halten Sie Probleme von ihm fern und versuchen Sie, ihn zu entspannen. Gerne mit sanften Massagen. Er soll auch viel Teamsport im Fernsehen ansehen. Und – das ist am Wichtigsten: Befriedigen Sie ihn täglich sexuell. Wenn Sie sich daran halten, sollte er in etwa einem Jahr wieder auf dem Posten sein." Auf dem Weg nach Hause fragt ihr Ehemann: „Und was hat der Arzt dir gesagt?" – „Dass du sehr bald sterben wirst!".

Schlüssel: Ein Arzt erklärt einer Frau, dass viel Arbeit auf sie zukommt

Zwei Freundinnen unterhalten sich: „Mal unter uns: Sagst du deinem Mann, wenn du einen Orgasmus hattest?" Da lacht die andere: „Spinnst du? Er hat mir ausdrücklich verboten, ihn im Büro anzurufen."

Schlüssel: Frau ruft im Büro ihres Mannes an und stöhnt

Eine Frau war beim Arzt und schwärmt: „Mein neuer Arzt ist großartig! Er hat mir gesagt, was für eine tolle Haut ich noch habe und er hat sich über die Spannkraft meines Busens und meines Pos gewundert. So etwas sei bei über 50-Jährigen extrem selten." Ihr Mann unterbricht leicht genervt: „Hat er denn auch etwas zu deinem dicken Arsch gesagt?" „Wieso?", fragt sie. „Von dir war gar nicht die Rede."

Schlüssel: dicker Arsch

Er: „Sag mal – was findest du eigentlich immer an diesen Kochshows im Fernsehen? Du kannst doch gar nicht kochen!" Darauf sie ganz cool: „Wieso fragst du? Du guckst doch auch ständig Pornos!"

Schlüssel: Kochshow und Pornos

Sie sagt: „Oha! Mit der neuen Brille siehst du ehrlich gesagt ziemlich übel aus!". Darauf er: „Wie bitte? Ich hab doch gar keine neue Brille!" „Du nicht. Aber ich!"

Schlüssel: Brille

Was hat acht Beine und einen IQ von 40? Vier Männer vor der Sportschau.

Schlüssel: vier Männer vor der Sportschau

7 WITZE ÜBER SPEAKER

Nun kommen wir zur letzten Kategorie. Es folgen sieben Witze über Speaker. Das Coole an diesen humoristischen Kurzgeschichten ist, dass sie praktisch universell einsetzbar sind. Du kannst sie problemlos auf deine „Zielgruppe" übertragen. Also der Speaker ist hier nur ein Platzhalter, den du gemäß deiner „Bedürfnisse" austauschen kannst. Es könnte hier also auch Polizist, Unternehmensberater, Lehrer, Banker, Steuerberater, Metzger, Chef, Schwabe oder meinetwegen 60er-Fan stehen. Bereit? Dann schnall dich an.

Manche Speaker sind nur noch am Leben, weil man für Mord ins Gefängnis muss.

Schlüssel: jemand erwürgt einen Speaker – fast

Was haben Speaker und Gewehrsalven gemeinsam? Sobald man sie hört, ist es schon zu spät, um wegzulaufen.

Schlüssel: Gewehrsalven

Ein Speaker steigt in ein Taxi. Der Taxifahrer fragt: „Wohin soll ich Sie bringen?" Darauf der Speaker: „Fahren Sie mich irgendwohin – ich werde überall gebraucht."

Schlüssel: Speaker im Taxi

Ein Speaker steht bei der Mitgliederversammlung des Deutschen Rednerverbandes (GSA) vor einem großen Plakat mit der Aufschrift: „Ein Speaker lügt nicht!" Nach einer Weile sagt er nachdenklich: „Bei über 800 Mitgliedern ist das ein ziemlich schlechter Prozentsatz."

Schlüssel: Bild von einem Plakat mit der Aufschrift: „Ein Speaker lügt nicht"

Was ist der Unterschied zwischen einem Speaker und Hämorrhoiden? Speaker hängen einem zum Hals raus.

Schlüssel: Hämorrhoiden, die aus dem Hals heraushängen

Treffen sich ein Banker, ein Arzt und ein Speaker. Sagt der Banker: „Ich habe mir von dem, was im letzten Jahr übrig war, eine Kreuzfahrt gegönnt." Der Arzt meint: „Ich habe mir davon eine Yacht gekauft." Und der Speaker sagt: „Ich habe mir ein Unterhemd gekauft!" – „Ja, und vom Rest?", fragen die zwei anderen erstaunt. Speaker: „Den Rest hat meine Mutter draufgelegt."

Schlüssel: Speaker im Unterhemd

„Wir haben Sie schon erwartet", sagt Petrus. „Wieso?", wundert sich der Speaker. „Ich hatte gar nicht damit gerechnet, in den Himmel zu kommen." „Doch, doch, Sie werden sehnlichst erwartet", antwortet Petrus. „Es ist ziemlich voll hier oben. Aber immer wenn ein Speaker ankommt, wollen danach Hunderte lieber in die Hölle."

Schlüssel: Hunderte Seelen, die aus dem Himmel fliehen

Ein Speaker geht zum Arzt: „Herr Doktor, ich habe seit Tagen keinen Stuhlgang."
Der Arzt verschreibt ihm ein paar Pillen. Am nächsten Tag ist der Speaker wieder da: „Herr Doktor, ich habe immer noch keinen Stuhlgang."
Der Arzt beginnt, sich Sorgen zu machen. Er verschreibt ihm andere Pillen, doch der Speaker steht drei Tage später wieder bei ihm auf der Matte. Noch immer ohne Stuhlgang.
„Ganz ehrlich – ich bin mit meiner Weisheit am Ende!", sagt der Arzt resignierend. „Erzählen Sie bitte mehr von sich. Was machen Sie beruflich?"
„Ich bin Speaker und werde dafür bezahlt, auf Veranstaltungen Vorträge zu halten."
„Ach so", sagt der Arzt erleichtert, „warum haben Sie mir das nicht gleich gesagt? Sie sind Speaker! Jetzt ist mir alles klar. Hier haben Sie 20 Euro – damit können Sie sich was zu Essen kaufen."

Schlüssel: ein Speaker presst auf dem Klo, aber es passiert nichts

Ach ja – für unsere ganz aufmerksamen Leser: Ja! Das waren tatsächlich acht Witze. Ich weiß. Aber ich konnte mich einfach nicht entscheiden, welcher davon noch raus soll.

ZU GUTER LETZT

Gönn dir was!

So bleibst du in Zukunft geistig topfit

Und jetzt? Die Show ist vorbei – das große Programm ist gelaufen. Wer jetzt nicht abschaltet, ist selber schuld. Denn jetzt kommt noch ein bisschen Verbraucherinformation ;-). Sinnvolle Ergänzung, die perfekt zu dem passt, was wir uns in diesem Buch erarbeitet haben. Schau mal – vielleicht ist etwas für dich dabei. Vielleicht denkst du aber auch, dass du jemandem aus deinem Freundes- oder Bekanntenkreis eine Freude machen möchtest. Der nächste Geburtstag kommt bestimmt …

Unbedingt vorbei schauen solltest du auf meiner Homepage. Unter www.unvergesslich.de erfährst du, wann und wo die nächsten Veranstaltungen wie Live-Seminare oder Webinare stattfinden. Es gibt immer wieder kostenlose Kurse für Einsteiger und ausgehend von all dem positiven Feedback darauf kann ich dir nur empfehlen: Sei demnächst mit dabei! Schalte ein! Ich habe sowohl für Anfänger als auch für Fortgeschrittene immer etwas Passendes im Angebot. Lass deine linke und rechte Gehirnhälfte Pingpong spielen – ich bin bereit zum Aufschlag.

Ein Evergreen meines Angebots ist zweifelsohne die „Einfach unvergesslich"-Profi-Box. In dieser Box findest du mein gesammeltes Wissen über die besten Techniken der Gedächtnisweltmeister, mentale Aktivierungsaufgaben und einen extrem nutzbringenden Übungsteil mit viel Fach- und Allgemeinwissen. Aufbereitet ist das Ganze als spannendes Hörbuch mit begleitendem Workbook! Hör gut zu und tauche ein in die faszinierende Welt des Gedächtnistrainings.

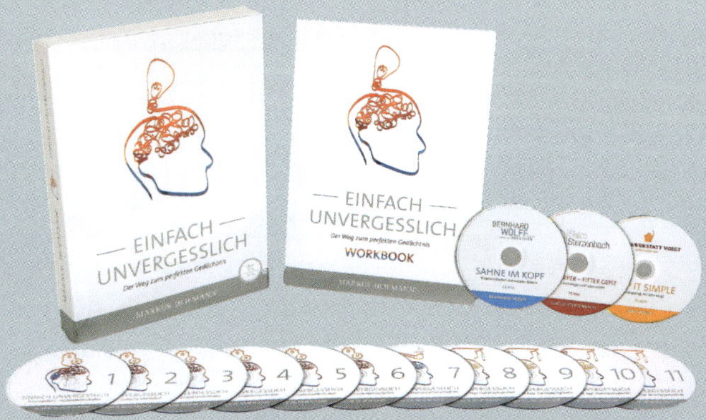

HERZENSPROJEKT

*Lass dich zum professionelle **mnemot**ion®-Lerncoach oder -Trainer ausbilden.*

Die nächste Generation stärken und die Welt verbessern

Dieses Projekt liegt mir am Herzen: Wenn du Spaß an diesem Buch hattest und diese Techniken auch an Kinder und Jugendliche weitergeben möchtest, damit sie ihr volles Potential aus sich herausholen können, dann lasse dich von mir zum Lerncoach ausbilden. Eine Arbeit oder sagen wir eine Aufgabe, die sehr erfüllend ist.

Über den folgenden Link *www.mnemotion.de* kannst du dich über die Ausbildung informieren. In einem Video-Clip erzähle ich dir alle Details. Falls du dich nun fragst, wo mein Sendungsbewusstsein herkommt – darauf gibt es eine sehr einfache, leicht nachvollziehbare Antwort: In der Schule habe ich mich früher schwer getan. Man kann sagen, dass ich mich durch die Schulzeit gequält habe. Am Ende ging ich mit einem Abi von 3,2 ab. Ich wurde Bankkaufmann und absolvierte gleichzeitig ein BWL-Studium. Das war eine harte Zeit, denn die Doppelbelastung bedeutete, dass ich auf Freizeitaktivitäten weitgehend verzichten musste. Doch dann passierte ein kleines Wunder. Ich kam mit den magischen Techniken des Gedächtnistrainings in Kontakt, fing sofort Feuer und eignete mir in kurzer Zeit all das nötige Wissen an. Kaum zu glauben aber wahr: Meine Noten wurden schlagartig besser und ich zählte plötzlich zu den 10 % der Besten in meinem Jahrgang.

Die Spickzettel, die mich zu Schulzeiten retten sollten, die speicherte ich jetzt in der umfangreichen Variante locker ab. Lernen war plötzlich nicht mehr BÄH sondern WOW!

Rückblickend stellte ich mir die Frage, warum ich nicht schon viel früher mit den beeindruckenden Techniken gearbeitet habe. Klar – keiner hatte sie an mich herangebracht, meine Lehrer kannten sie wahrscheinlich gar nicht und so hatte ich mich unmotiviert mit unstrukturierter Paukerei geplagt oder war davor geflüchtet. Wie dem auch sei: Mittlerweile bin ich Träger des Deutschen Weiterbildungspreises, schon zweimal wurde ich als Speaker des Jahres ausgezeichnet und ich habe bei Hunderten von Firmen erfolgreich Vorträge gehalten. Mehr noch – ich habe an unzähligen Schulen Schüler für die Arbeit mit mentalen Briefkästen begeistert. Sie hörten mir zu, weil es ihnen Spaß machte und sie hatten schnell Lernerfolge. Sie verstanden, dass sie mehr Freizeit haben, wenn sie die Körperliste oder die Einhornliste erst verinnerlicht haben.

Falls auch du Lust hast, deinen eigenen Kindern oder jungen Menschen zu einem derartigen Aha-Erlebnis zu verhelfen, dann ist die Ausbildung zum Lerncoach genau dein Ding. Doch genug der Worte – schau dir auf meiner Homepage mehr zu diesem Thema an und kontaktiere mich. Auch wenn ich vorhin noch Witze über Speaker gemacht habe – ich würde mich doch sehr darüber freuen, dich schon bald in diesem Kreis zu begrüßen.

7 Gründe für die Entscheidung zum Lerncoach als Partner in Familie, Schule & Lerngruppen:

- Dein Kind wird als Individuum mit seinen Stärken, Schwächen & Vorlieben wahrgenommen & gefördert
- Du steigerst gekonnt die Konzentrationsfähigkeit und Motivation deiner Kinder
- Du löst Lernblockaden und schaffst Freude & Spaß am Lernen
- Du schaffst Strukturen und Strategien für Lern- und Hausaufgabenzeit
- Die Kinder, die du betreust sind selbstbewusst und lernen gerne
- Du begleitest dein Kind durch den kompletten Lernprozess und unterstützt es in seiner Selbstentwicklung.
- Du erschaffst einen Nährboden für entspanntes Lernen, damit die Kinder auch nach der Schulzeit eine intrinsische Motivation haben, etwas Neues zu lernen.

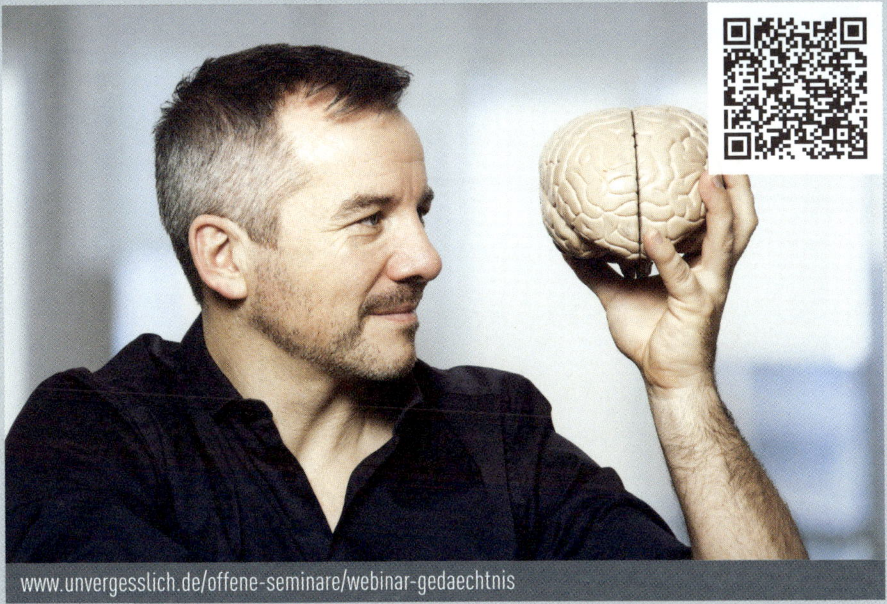

KOSTENFREIE WEBINARE

Nutze das volle Potenzial deines Gehirns!

Mit Spaß und Humor viel leichter lernen

Regelmäßig biete ich kostenlose Webinare an, bei deinen du mitmachen kannst. Darin lernst du die Geheimnisse der Gedächtnisweltmeister noch besser kennen und wie du das volle Potenzial deines Gehirns am besten nutzen kannst. Du erlebst, wie du dir Namen und Gesichter auf Dauer abspeichern kannst. Du lernst Lernstrategien für Studium, Aus- und Weiterbildung kennen und wie du wichtige Daten und Fakten schneller und nachhaltiger abspeichern kannst. **Das große Ziel ist es, mit Spaß und Humor viel leichter zu lernen!**

BÜCHER

Für alle Leseratten

So bleibst du in Zukunft geistig topfit

Auf meiner Website findest du meinen Bestseller „Hirn in Hochform" sowie „Denken Sie Neu" – ein mentales Überlebenstraining in der digitalen Welt. Daneben gibt es auch noch richtig coole Knobelspiele, die deine grauen Zellen auf Hochtouren bringen.

www.unvergesslich.de/shop/Buecher

ÜBER DEN AUTOR

MARKUS HOFMANN

ÜBER DEN AUTOR

Markus Hofmann zählt seit Jahren zu den be*merkenswertesten* Gedächtnisexperten Europas. Bereits als Student befasste er sich intensiv mit der Frage, wie man Lernstoff mit möglichst geringem Aufwand optimal abspeichert. Während seine Kommilitonen wochenlang büffelten, bereitete er sich mit speziellen Merktechniken effizient auf seine Prüfungen vor. Die Konsequenz: Seine Lebensqualität und sein Notenschnitt verbesserten sich spürbar. Seitdem ist es Markus Hofmann ein Anliegen, möglichst viele Menschen zu ungeahnten Gedächtnisleistungen zu motivieren. Der Münchner ist Träger des Deutschen Weiterbildungspreises und wurde bereits zweimal (2014 und 2017) zum „Speaker des Jahres" gekürt. Weit über 350.000 Zuhörer hat er in unterhaltsamen Vorträgen zu besseren Merkleistungen verholfen. Sein nun vorliegendes viertes Buch ist sicherlich das Unterhaltsamste.

Weitere Informationen unter **www.unvergesslich.de**

Impressum

Titel: **Witz komm raus.** *Das lustigste Gedächtnistraining der Welt*
Erste Auflage

Verfasser: Markus Hofmann
Verlag: MEMO-MIND Brainproducts GmbH
Redaktionelle Mitarbeit: Patrick Kiefer, www.toptexte.com
Druck: KEEY GmbH, Fürth
Lektorat: Kathrin Nord, Bestseller 2 Go, München
Umschlaggestaltung, Layout und Satz: Verena Lorenz, München

Bibliografische Information der Deutschen Nationalbibliothek: Die Deutsche Nationalbibliothek verzeichnet diese Publikation in der Deutschen Nationalbibliografie; detaillierte bibliografische Daten sind im Internet über http://dnb.d-nb.de abrufbar.

Bildnachweis: Cover: Smiley vorne Alek_Koltukov, Foto hinten Tibor Bozi; Innenteil: Tibor Bozi S. 4; Maks Richter (Markus Hofmann) S. 8, 42, 47, 78, 116, 215, SaulHerrera S. 10; leolintang (Qualm im Hintergrund S. 12; Chuck Norris ullstein bild United Archives S. 13; DebbiSmirnoff S. 16; Yuri_Arcurs S. 18; liveostockimages S. 20; dvulikaia S. 22; malerapaso S. 24; ManuelBurgos S. 26; wickedberlin S. 28; dvulikaia S. 30; hennyvanroomen S. 32; Nastco S. 34; pantowto S. 36; sorendls S. 37; Tom Kelley Archive S. 38; luismmolina S. 41; Detailfoto S. 48; Schneewittchen & Zwerge: Lanaclipart S. 49; Illustration Cowboystiefel: bubaone S. 51; Illustration Bier und Milchglas: bortonia S. 53; Gorilla id-work S. 57; Baby:alashi S. 61; percds S. 62; Bankräuber:bubaone S. 65; Pitbull:zaricm S. 67; Papagei:Roi and Roi S. 67; Anastasios71 S. 81; araelf S. 82; Cicero Crisfotolux S. 85; Forum Romanummammuth S. 85; Oskanov S. 86; VallarieE S. 88; Jacek Tapia García (MIRAME) S. 90; petrzurek S. 92; PeopleImages S. 94; vchal S. 96; sArhange1 S. 98; baona S. 100; serts S. 102; Nikada S. 104; baona S. 106; supermimicry S. 108; poiremolle S. 110; TZfoto S. 112; Gummibärchen MariaTkach S. 119; Radieschen AlonzoDesign S. 119; Banane youngID S. 119; Warren-Pender S. 120; Mel Mansour S. 122; juergen2008 S. 124; franconiaphoto S. 126; Bim S. 128; Bim S. 129; Bertlmann S. 132; Andyworks S. 134; Kyle_Brutke S. 136; Waffen da-vooda S. 138; Weihnachten fonikum S. 139; Banane youngID S. 139; lowkick S. 140; Terraxplorer S. 142; guenterguni S. 150; Roman Sotnikov S. 152; guenterguni S. 154; Inspiration Night (Markus Hofmann) S. 168; www.matteosalvo.com/discipline-campionato-italiano-memoria S. 171; www.matteosalvo.com/discipline-campionato-italiano-memoria/ S. 173; S. 177; vchal S. 178; OnstOn S. 179; Martin Barraud S. 182; Максим Лебедик S. 183; Zukunftsathleten (Markus Hofmann) S. 194; Jelena Parafjanovica S. 196; peterschreiber.media S. 198; Gun2becontinued S. 200; ullstein bild,United Archives S. 201; Yuri_Arcurs S. 202; Mila_1989 S. 204; Gun2becontinued S. 206; Paul Träger S. 217

www.unvergesslich.de/die-besten-witze